Alexis Racionero Ragué

MUSHIN

Zen y sabiduría samurái para la vida cotidiana

Rutas por Japón

Caligrafías de María Eugenia Manrique

© Alexis Racionero Ragué, 2024, texto y fotos
© María Eugenia Manrique, 2024, caligrafías

© de la edición en castellano:
2024 Editorial Kairós, S.A.
Numancia 117-121, 08029 Barcelona, España
www.editorialkairos.com

Diseño cubierta: Editorial Kairós
Fotocomposición: Florence Carreté
Impresión y encuadernación: Romanyà-Valls. 08786 Capellades

Primera edición: Mayo 2024
ISBN: 978-84-1121-246-5
Depósito legal: B 4.032-2024

Todos los derechos reservados.
Cualquier forma de reproducción, distribución, comunicación
pública o transformación de esta obra solo puede ser realizada
con la autorización de sus titulares, salvo excepción prevista por
la ley. Diríjase a CEDRO (Centro Español de Derechos Reprográficos,
www.cedro.org) si necesita algún fragmento de esta obra.

Este libro ha sido impreso con papel que proviene de fuentes respetuosas
con la sociedad y el medio ambiente y cuenta con los requisitos necesarios
para ser considerado un «libro amigo de los bosques».

«Lo esencial es tener la mente pura, aquí y ahora,
y libre de complicaciones.
En estos tiempos parece que todo el mundo,
en general, está decaído.
El que tiene la mente pura y sin complicaciones
tendrá una expresión alegre».

YAMAMOTO TSUNEMOTO, *Bushido, el camino del samurái*

«Aprender el Zen es encontrarnos;
encontrarnos es olvidarnos;
olvidarnos es encontrar la naturaleza del Buda,
nuestra naturaleza original».

MAESTRO DOGEN

«No sigo el camino de los antiguos:
busco lo que ellos buscaron».

MATSUO BASHO

A ti, Alicia, que casi naces en Japón

Al maestro Kurosawa;
a toda esa generación que nos abrió las puertas de Oriente,
y a todos los que vagamos en el *Dharma*.

Mapa de rutas

Sumario

Introducción	**11**
Samurái: arquetipo y base histórica	23
Budismo Zen	40
Sabiduría samurái	48
Ética	**63**
1. Devoción, lealtad y honor	65
2. Vivir sin miedo a la muerte	77
3. Fortaleza y resiliencia	93
4. Liderazgo y disciplina	107
Estética	**125**
5. El elogio de la sombra	127
6. «Minimal zen»	141
7. El imperio de los sentidos	155
8. Intuición y espontaneidad	169
Espiritualidad	**185**
9. Vivir en el presente y «zazen»	187
10. Naturaleza sagrada y espíritus del bosque	205
11. Vagar en el Dharma	217
12. Austeridad y vacío fértil	233

Epílogo **249**
    Samurái zen 249
    Mushin, una renovada actitud vital 257
    Fin del viaje 264

Libros y films recomendados **269**

Introducción

Mi relación con los samuráis empezó de niño. Como hijo de la década de los setenta, viví marcado por la impronta del cine, un medio que me enseñó a soñar y a creer en una mitología propia, en la que el samurái pronto ocupó un espacio importante.

«Armas nobles para tiempos más nobles» dice Owi Wan Kenobi a su discípulo Luke Skywalker. Estamos en el año 1977, en la oscuridad de uno de aquellos inmensos cines de antaño. La espada láser, que emula las katanas de los samuráis, resplandece en la pantalla grande. Los que fuimos niños, y probablemente seguimos siéndolo, la contemplamos con los ojos como platos. La mística del samurái te atrapa –la filosofía que contrapone luz y oscuridad–, trasciende el habitual maniqueísmo de buenos y malos. El reverso tenebroso de la fuerza debe ser vencido por los hombres nobles de corazón. Los *jedi* no sólo reinterpretan a los samuráis, sino a la estirpe de los caballeros templarios y artúricos. Kenobi es como Merlín y Yoda es mitad sabio zen, mitad taoísta. Inmerso en el bosque, transmite conocimiento esencial desde la paradoja de los *koans* japoneses: esa forma de acertijos imposibles que cruzan palabras, cortocircuitando la mente como aforismos de la inmediatez. En *El Imperio Contraataca* (I. Kershner, 1980), Luke Skywalker va a entrar en la cueva más profunda para encontrarse con su mayor miedo, que se materializa de forma simbólica bajo la efigie de su padre, Darth Vader. Antes de sumirse en la oscuridad de la gruta, pregunta al diminuto sabio: «¿Qué encontraré dentro?». «Sólo lo que lleves contigo», le responde Yoda.

No estamos aquí para hablar de *Star Wars*, pero me siento en la obligación de contextualizar cómo el cine me llevó a los samuráis y a gran parte de lo que aquí quiero contar. A partir de aquel bautizo iniciático y pueril, llegaron visionados más profundos, como *Dersu Uzala* (A. Kurosawa, 1975), que casi me cambió la vida con aquello de «el fuego es gente, el agua es gente y el viento también [...]. Cuando se enfadan pueden ser muy poderosos». Bases animistas, sintoístas y taoístas expresadas desde el candor del pequeño cazador de la taiga que parece la personificación del maestro Yoda.

Mi fascinación por los samuráis no dejó de crecer a medida que iba consumiendo toda la filmografía de Kurosawa y parte de clásicos como *Harakiri* (M. Kobayashi, 1962), *Samurai* (H. Inagaki, 1954) o la magistral *Los 47 ronin* de Kenji Mizoguchi (1941).

No hubo héroe alguno como Toshiro Mifune, ni mejor senda paralela que aquella que transita del wéstern (*Los 7 magníficos*, J. Sturges, 1960) al cine de samuráis (*Los 7 samuráis*, Kurosawa, 1954). Después de ver *La fortaleza escondida* (A. Kurosawa, 1958), el film que inspiró a George Lucas para crear *Star Wars* (1977), quedé prendado de la figura del *ronin*, como samurái errante y vagabundo. Probablemente, mi identificación se debía a que yo también me sentía como un *ronin*. Los samuráis me dieron la fuerza y el código ético para sobreponerme a la adversidad cuando era niño y me tocó vivir solo y a mi aire.

Hoy, que los tiempos vuelven a ser convulsos, siento la necesidad de recuperar al samurái como figura de resistencia, resiliencia y cambio. En él subyacen muchas ideas y actitudes que pueden contribuir a la estabilidad de nuestra neurosis cotidiana. Coraje, devoción, fortaleza, espiritualidad, respeto por la naturaleza, o estar en el presente, son algunas de las condiciones que precisamos si queremos vivir en este tsunami de principios de un siglo XXI que, finalmente, nos adentra en la Era de Acuario. El modelo de la ambición y el ego se agota y toca saber ser altruistas, además de hedonistas. De esto último, algunos de los samuráis no sabían mucho porque, como orden de caballería, estaban educados en la rectitud y la austeridad, pero Japón es un territorio de sabios y estéticos placeres: desde su gastronomía, a los baños termales, el elogio de la sombra o sus paisajes bellamente cuidados. Pocos lugares son tan civilizados en el planeta como «el país del sol naciente».

El samurái está más allá del estoicismo con su austera moralidad; siempre dispuesto a morir y plenamente entregado al servicio del otro. En este momento presente, el arquetipo samurái zen, mitad monje, mitad guerrero, puede contribuir a sostener dignamente la dificultad, vivir con moderación y seguir defendiendo nuestros ideales. Como un guerrero del arte de la paz y modelo para labrar nuestra propia identidad, no escindida ni polarizada. Conscientes en el presente, con actitud y despiertos; abiertos a lo que venga.

Precisamos creer en ideales, mejorar la situación que nuestros hijos van a encontrarse y sacar la fuerza necesaria para ir más allá de las posibles crisis económicas, el empobrecimiento de la clase media, la polarización social y los problemas e injusticias de género. Son muchas las causas por las que luchar. Podemos hacerlo sin violencia, sin agredir, evitando el lenguaje hiriente, si recuperamos ese sentido del honor del samurái, además del estado *mushin*.

Mushin es la mente sin mente. Un estado de inmentalidad en el que empatizas con lo que te rodea para tomar decisiones desde otro lugar: más puro, espontáneo y libre. Así nos fortalecemos a nosotros mismos, para desde ahí servir al mundo y a esos ideales en los que creemos. Cada día, meditamos, trabajamos con la mente para que no sea reactiva, ni nos haga vivir de forma compulsiva desde un inconsciente que nos gobierna sin saber cómo. Pulimos el cuerpo con deporte, largos paseos, natación, gimnasia o ejercicios de yoga. Templamos nuestros nervios y nos disponemos a vivir cada día desde el presente, agradeciendo la vida que nos ha sido dada, así como la posibilidad de hacer el bien. Siempre desde el corazón y el alma, no buscando el fruto de la acción. Así lo enseña la *Bhagavad Gita*, y también el budismo Zen del que beben los samuráis. El samurái es un modelo de disciplina, autocuidado y servicio; también del sentido colectivo y la solidaridad. Valores perfectamente contemporáneos. Como seres individuales debemos cuidarnos y no hay que buscar las respuestas fuera, sino en uno mismo; pero ello no implica vivir aislados, sino formar comunidad, cada uno desde sus aptitudes, para generar un cambio que modele una sociedad mejor. No es que el mundo se dirija hacia el desastre, pero está perdiendo el rumbo, gobernado por unos estamentos que apenas vemos, inculcando unas formas cada vez más mercantilistas, superficiales y de pensamiento único. Sí, Matrix ya está aquí y el imperio del capital gobierna en la sombra. Soy consciente de mi escepticismo, pero, desde finales del siglo XX, entramos en este reino del *laisser faire*, individualista y narcisista. La sociedad del espectáculo compra experiencias cada vez más banales y sin sentido. Por eso reclamo el retorno del samurái zen como modelo de conducta para despertar del letargo. La mezcla de determinación, disciplina y espiritualidad zen puede ofrecernos el equilibrio, la armonía y la felicidad necesarios. Cada persona busca empoderarse, conectar con ella misma, contemplar su Dharma o propósito vital y ver qué puede hacer por la sociedad. No podemos estar más tiempo viendo pasar la vida o enajenados en mundos paralelos. La película va con nosotros y cada vez es más confusa, hiperbólica y narcotizante. Krishnamurti siempre repetía: «¡Despierta, estate atento! ¡No te pases el día alelado! ¡Aprovecha cada instante de tu vida!».

No podemos seguir siendo zombis obedientes. Sin duda, la obediencia fue una de las condiciones esenciales del samurái, pero también hay que saber pensar por uno mismo y afinar la causa por la que se lucha. Esta es la condición del samurái evolucionado y moderno que propongo, más allá de la imagen tradicional, cimentada durante la Edad Media, basaba en la obediencia a un señor totalitario y dictatorial llamado *shogun*.

Aunque, oficialmente, los samuráis se extinguieron con la reforma Meiji, en las postrimerías del siglo XIX, su figura se ha mantenido viva en la cultura popular con la literatura, el cine, el cómic o los videojuegos. En el imaginario popular, nunca se extinguieron y, hoy, todavía poseen ese halo mágico que confiere la condición legendaria. Como el *cowboy* o llanero solitario con el que parece emparentado, su carisma ha transitado la historia del siglo XX como modelo de lealtad y bravura. Convertido en héroe trágico, incluso por una industria de Hollywood que le dedicó *El último samurái* (E. Zwick, 2003) con su estrella Tom Cruise, para recordarnos cómo estos cayeron luchando contra armas más poderosas que no podían vencer. Los rifles y cañones contra la katana representaban algo así como la bomba atómica contra una población civil indefensa, aquello que, por desgracia, se repitió en la historia de Japón, un país dado al sufrimiento y la resiliencia.

Los samuráis fueron abatidos en Satsuma sin que tuvieran miedo a morir. Creían en unos ideales y preferían abandonar este mundo que renunciar o doblegarse ante ellos. Es la misma fortaleza que lleva al *sepukku*, o suicidio ritual, cuando uno siente que ha caído en el deshonor. En el código samurái, los valores son lo más importante, no algo que despreciar o modificar según la conveniencia propia. De esto, también podemos aprender porque andamos faltos de integridad en muchos momentos de nuestras vidas. La zona de confort nos confunde, el ego nos enreda y nos acomodamos frecuentemente a lo que nos es más fácil.

En este mundo de marcas, mercancía, narcisismo y ambición, el samurái se presenta como una imagen romántica de rebelión. Gentes del pasado, de una Edad Media que, como hicieron los románticos, idealizamos para recuperar todo aquello que escapa a los designios de la razón. Nos atrae la mística del pasado, lo inaprensible. Desde el día en que descubrimos que la razón produce monstruos, intuimos que algo falla en nuestra civilización. La tecnología ha avanzado hasta llevarnos al metaverso y el ciberespacio, pero vivimos alienados, fuera de nuestro centro. Es necesario regresar a la base, conectar con la tierra y, desde la plena vacuidad del estado *mushin*, volver al fondo de la persona que somos.

Algo no encaja en esta civilización tecnocrática de la opulencia narcisista. Por eso volvemos la mirada hacia figuras arquetípicas, buscando que ejerzan de héroes o mentores al rescate. Soy consciente de que este es un tema recurrente en mis escritos, desde *Darshan* (Kairós, 2017) a *El viaje del héroe* (Kairós, 2021), pero así es como lo siento. Me niego a claudicar y permitir que el lector se rinda fácilmente. Todos tenemos derecho a decidir en qué mundo queremos vivir. El samurái zen presenta un modelo de inspiración, tanto para los hombres como para las mujeres, a partir de la más absoluta libertad de género y como condición para alentar la lucha por todo aquello en lo creemos. Integridad, disciplina y coraje para transformar nuestras lagunas cotidianas o acabar con ese estado entre deprimido y hastiado que nos ronda.

La mente *mushin* aporta la naturalidad de disfrutar de la vida en el presente, consciente del regalo que es despertar cada día. El primer precepto del *Hagakure* o camino del samurái nos recuerda que la muerte es el vivir. No hay que pensar tanto. Vivamos más intensamente, cultivando el cuerpo y en el camino de la intuición. El pensamiento único narcotiza, el Zen despierta. ¡Date cuenta de lo que sucede y no vayas por la vida alelado! Vive en la atención plena que reclama el mindfulness, tan directamente hermanado con el budismo Zen y hoy muy integrado en nuestra sociedad. No debemos claudicar ante el pensamiento único o la desidia de una clase política cada vez más endeble. Alejémonos de lo banal, superficial y mediatizado. Seamos como el *ronin*, ese samurái errante que no se casa con nada mientras busca ponerse al servicio de una buena causa. Como nuestros afables Quijote y Sancho, seres nobles, ingenuos e ilusos, altamente bondadosos en su búsqueda de causas por las que luchar. No es la batalla el objetivo, sino llevar el idealismo por bandera. Este mundo necesita de la imaginación y de los héroes o heroínas para ser impulsado. Expandir la mente, vagar por otros mundos y reacondicionar el nuestro propio.

En mi imaginario samurái reina la figura del gran Miyamoto Musashi, al que tomo como ejemplo de arquetipo esencial, aunque fue el desconocido Issai Chozan (seudónimo de Neko no Myoujutsu) quien más habló de la técnica *mushin* que da título a este libro. También soy fan del moderno Ruori Kenshin. Al final, cada lector puede escoger a su ídolo o modelo de inspiración. Si conviene recuperar una imagen actualizada del samurái, es para dejar de quejarnos y comprender que la vida es cambio y entrega al presente. Es bueno activar la capacidad de sostener más allá de la mente dispersa y la experiencia inmediata placentera. Integridad, honor, coraje y disciplina como motores vitales de la no queja. La postmodernidad líquida nos ha hecho frágiles, quejicas y apesadumbrados. Es necesario un nuevo aliento que compense la desidia contemporánea. *Mushin* nos da una vía para despertar, empoderarnos y tomar las riendas de nuestra vida. No es cuestión de ir cortando cabezas y dejar víctimas por el camino, fruto de nuestra impotencia, las heridas mal sanadas o la más fría y cerebral de las mentes. La senda del samurái, al igual que el viaje del héroe, es un camino iniciático basado en la espiritualidad. Se nutre de prácticas como la meditación o todo aquello que nos lleve a formas de introspección. El destino es descubrir quién somos y conectar con nuestro *ikigai* o propósito vital. Este es un viaje físico, simbólico, cultural o filosófico. Si queremos, puede ser todas las cosas juntas o tan sólo parte de ellas. En mi caso, aproveché un proceso de cambio vital para emprender esta vía del samurái. Necesitaba sostener, hacerme fuerte y no dejarme arrastrar por la corriente del victimismo. Recuperé la idea de este libro que venía de años atrás y decidí volver a Japón.

La estructura del libro se divide en tres bloques: ética, estética y espiritualidad. Cada uno de ellos se compone de cuatro capítulos que quieren proponer un aprendizaje y un territorio vinculado a este, así como una ficción cinematográfica u obra literaria relacionada. La selección de los lugares y de los referentes culturales es propia. Evidentemente, podrían caber muchos otros lugares o películas, pero esta es mi senda samurái, camino de alcanzar la mente *mushin*. De los lugares que he visitado, muchos me han conmovido y algunos me han decepcionado, pero en general la mítica de Japón es abrumadora. Su sentido estético, armónico y civilizado está fuera de lo común. No puedo olvidar la primera mañana en el templo de Eiheiji, la ascensión al Koyasan, los bosques de Nikko o una sesión de meditación en Daisen-in. No obstante, por encima de lo físico y las experiencias de un viaje, lo que permanece es la transformación personal. Por eso animo al lector a trazar su propia geografía; sea mediante un viaje real a Japón o desde su conciencia. Se puede viajar simbólica y culturalmente, dándose un baño de budismo Zen o de sabiduría samurái. Lo importante es cambiar el estado mental, vaciarse de carga y, como relata un bello cuento zen, sentir que la mochila es un saco de esparto por cuyos orificios cae todo aquello que no necesitamos. Ahí es donde el estado *mushin* va apareciendo y nos revela quién somos o qué precisamos para vivir más tranquilos.

En el libro, también he querido dar mucha importancia a los espacios naturales. Esto es una de las claves de la transmisión del taoísmo chino hacia la evolución del budismo para alcanzar el Zen. El carácter y la geografía japoneses se han imbuido de este respeto por una naturaleza que se contempla como algo sagrado. Por ello, en estas páginas aparecen bosques, montañas, cuevas y jardines zen. También nos acercamos a históricos desfiles, como el que recuerda el entierro del gran líder Tokugawa. Me hubiera gustado llegar hasta la antigua región de Satsuma donde se vivieron los últimos días de la historia samurái, pero el tiempo no alcanzó.

En cuanto a las ideas o contenidos, no es mi intención hacer una historia del Zen o los samuráis, sino tomar diferentes valores y esencias de ambos con objeto de construir un ensayo para todos los públicos. Espero no ofender a los expertos en el tema por mi posible superficialidad. Mi intención es abrir todo este conocimiento a un amplio espectro de lectores con la voluntad de ensalzar este trasfondo filosófico y cultural que para muchos de nosotros tiene tanto valor. En lo cinematográfico, me he ido a referentes clásicos que reivindicar sin obviar referentes más actuales como *Kill Bill*. Siento haber dejado el manga de lado, por desconocimiento y voluntad de acotación. También en ese universo del videojuego soy un inculto, aunque me sigue entusiasmando *Legend of Zelda* (S. Miyamoto-T. Tezuka, Nintendo, 1986/2023).

Mucho de lo que aquí trato, lo mastiqué durante años de cinefilia y progresiva fascinación por lo japonés, desde la atracción por Kurosawa, la caligrafía, los haikus, *El elogio de la sombra* de Tanizaki (1933), *El crisantemo y la espada* de Ruth Benedict (1946), las lecturas de todo D.T. Suzuki o los comentarios de Gary Snyder y tantos otros.

La pretensión de este libro es la de entremezclar la realidad de un viaje físico que realizo por Japón, durante dos semanas, con esos espacios fílmicos, simbólicos y filosóficos. Espero que para algunos sea una bella re-visitación nostálgica y para otros, un descubrimiento.

El bloque inicial introductorio, así como las enseñanzas del bloque central del libro, se redactaron antes de ese viaje de un par de semanas, y han servido para aportar los detalles más precisos. La propuesta de *Mushin* es dejarse llevar de forma libre. Mi función es tan sólo guiar al lector para compartir esta admiración por los samuráis y el budismo Zen como forma de sabiduría perenne que traer a la cotidianeidad.

Además de esto, queda la magia inherente al territorio nipón o ese viejo Japón tradicional en el que la naturaleza y sus gentes parecen vivir en su estado esencial. A mí, al igual que a mi venerado Joseph Campbell, también me pasó aquello de quedarme en *shock* al llegar a la India y alucinar con la armonía japonesa. El gran mitólogo norteamericano cuenta en sus memorias de viaje, *Baksheesh & Brahman* y *Sake & Satori*, la dualidad entre estas dos experiencias de viaje. En mi caso, debo confesar que la India me encanta por su caos y desorden y el Japón, por todo lo contrario. En mi opinión, el país del sol naciente tiene algo que te atrapa, probablemente por esa mezcla de modernidad y tradición. Su combinación es perfecta, y quedas prendado de su atmósfera. El ciberpunk en las calles de Shibuya; el Zen en los templos de Kioto; trenes bala entre naturaleza sagrada; silencios esculpidos en la tinta de una caligrafía ancestral, cuyo gesto expresa lo esencial: nada en Japón es gratuito, sino perfectamente calibrado. El adorno manierista es aniquilado por el don de la austeridad. Palabras breves, gestos contenidos pero sinceros y verdaderos. Educación extrema, a veces incluso excesiva. Pudor y contención que contrastan con la explosión sensorial de su cocina. Miradas que no siempre se encuentran, bajo un respeto mutuo, por mucho que tú seas el extranjero que vino de la tierra en la que se pone el sol. Creo que existe un Japón idealizado, en mi cabeza y en la de cada uno de los lectores, tanto en aquellos que ya conocen el país como en los que ansían descubrirlo.

A mí me fascina esa visión fantasmagórica de Mizoguchi y *Los cuentos de la luna pálida* (1953), o esos relatos de Lafcadio Hearn recogidos en *Kwaidan* (1904). Venero *Las sendas de Oku* (1702) de Basho y esa idea de ser errantes vagabundos del Dharma por un país casi mágico.

Tampoco rechazo la humana y naturalista cotidianeidad de las películas de Ozu, ni las más modernas fantasías animadas del maestro Miyazaki. No olvido *El viaje de Chihiro* (2001) ni *La princesa Mononoke* (1997), como visionados iniciáticos de un padre que aprendió a serlo gracias a ellas. Cada cual puede tener su senda cultural trazada, pero lo que nos une a todos es esa llamada de Japón como territorio imaginario en las antípodas. A quienes no estén en ese punto, espero poder despertar su ansia de vagar en estas páginas.

La mayor victoria no es tener la fortaleza de un samurái ni el temple de un maestro zen, sino vivir sabiendo que el mayor triunfo es alcanzar el templo más sagrado de tu ser. Sin la conciencia de uno mismo, nada puede tener sentido. Este es un libro para todos los viajeros de la conciencia, para mitómanos, soñadores y guerreros del arte de la paz.

Desde lo más íntimo, no puedo dejar de recordar que, cuando quise ser padre, fui a Japón en busca de un milagro. Mi pareja había pasado una seria enfermedad que lo impedía. El destino estaba en manos del universo y el regalo de una bella hija nos fue gratamente concedido. Hay algo mágico en aquella tierra, y también algo heroico, que nos conecta a todos los que padecimos y luchamos para labrar este presente esperanzador.

Los samuráis resurgen para decirnos que todo es posible si creemos en un código de honor y defendemos unos valores alineados con la naturaleza y el espíritu del ser humano. El tiempo de los grandes señores *shoguns* ya pasó, las férreas estructuras piramidales cayeron, pero el alma del samurái permanece como arquetipo de resistencia para recordarnos que vale la pena luchar por las libertades y aquello en lo que creemos.

Enso, círculo zen.

Samurái, arquetipo y base histórica

El samurái es una casta guerrera que vivió su esplendor en el Japón medieval. Sus andanzas se vinculan con periodos de conflictos armados, con tiempos de paz y con la forja de un carácter especial, basado en la disciplina y la lealtad a su señor. Los samuráis fueron monjes guerreros que integraron bases filosóficas del budismo Zen y el sintoísmo con el arte de la guerra. Todo ello aderezado con bases morales procedentes del confuncianismo, un dictado de civilidad que, al igual que el Zen, se propagó desde la China.

Como arquetipo tiene curiosas afinidades; algunas más evidentes, como su relación con cualquier otro caballero medieval, en especial los templarios, que también poseían esa mezcla de civilidad, armas y espiritualidad. Sin embargo, el samurái nunca sirvió a un dios o participó en guerras religiosas. Se debía a un señor feudal o daimio, entendido como líder de un clan. Por encima de ellos quedaba el *shogun* o comandante del ejército, designado directamente por el emperador. Esto fue así hasta el siglo XII, cuando el *shogun* se convirtió en el gobernante o cabecilla del país, más allá de su superior. El *shogun* puede contemplarse como un rey absoluto o dictador que marca las normas y decisiones de todo un país a su antojo. Así, los samuráis eran los caballeros armados que obedecían a sus comandantes, quienes, a su vez, estaban subyugados a la voluntad del *shogun*. Los posibles conflictos y desavenencias provocaron tremendas guerras civiles en el periodo Sengoku, que abarcó desde 1467 hasta 1615 aproximadamente. La paz llegó durante el reinado del gran líder Tokugawa, que se extendió hasta 1868, cuando, durante la reforma Meiji, se unieron los dominios de Satsuma y Choshu para acabar con el shogunato de Tokugawa y devolver el poder al emperador. En este proceso, en el que se vivió una oligarquía de daimios, quedaron abolidos los derechos de los samuráis. Al mismo tiempo, Japón había vuelto a abrirse al mundo desde 1853. La decisión del emperador de restar poder a los samuráis provocó que estos se rebelaran contra él. Fue un enfrentamiento fratricida entre la «policía» del emperador, compuesta por samuráis a su servicio, y los que mantenían su condición rebelde. El feudalismo del shogunato de Tokugawa se había clausurado y el samurái, que en aquellos tiempos de paz debió convertirse en *ronin* o caballero errante, veía ahora que perdía todo sentido dentro de la sociedad. Al final, incluso las tropas *hans* de antiguos samuráis al servicio del emperador dejaron de existir en detrimento de un ejército moderno. El gobierno llegó a imponer el servicio militar obligatorio.

Pese al ocaso del estamento samurái, su filosofía y actitud siguieron vigentes como un latido subconsciente que impulsaba el alma del país en guerras futuras, como la terrible Segunda Guerra Mundial. En el contexto de la reforma Meiji, los samuráis quedaron integrados dentro de la nobleza sin título (*shizoku*). La relación maestro-esclavo que dio sentido a la vida del samurái se clausuró.

Los samuráis habían sido como los caballeros del rey Arturo en un sentido más amplio y menos romántico. Gentes austeras y guerreras, bajo unas formas marcadamente machistas. La mujer no tenía derecho a combatir y no era más que la extensión complementaria del hombre (algo que no nos vale para retomar la figura del samurái hoy). El moderno samurái debería tener una condición de género abierta, hombre o mujer, libre de aquellas ataduras propias de la Edad Media. Pero entonces, la mujer se sacrificaba como hija por su padre, como esposa por su marido y como madre por sus hijos.

Estaba condenada a una vida de renuncia a sí misma. El papel de la mujer era ser la *naijo* o ayuda interior del samurái. Según cómo se entienda, era una renuncia en cadena: la mujer renunciaba a sí misma por su esposo, el samurái lo hacía por su señor y este debía obedecer al cielo. La mujer como esposa de un samurái tenía menos libertad que en cualquier otra clase social. Otra condición era la de tolerar las relaciones extramatrimoniales, y las concubinas eran tratadas como personal doméstico a cargo de la mujer. De otra parte, la homosexualidad estaba muy extendida en la corte y entre los samuráis que residían en la ciudad.

Aunque suene contundente al decirlo, el verdadero amor del samurái era su espada. Como es sabido, esta tenía una condición muy especial. Se ha llegado a decir que la espada es el alma del samurái: objeto talismán y defensa que da sentido a su vida. La más común es la *katana*, de tamaño intermedio, pero hay muchas otras. La *daito* sería la más larga y la *tanto* o *aikuchi* las más cortas. Gracias a *Kill Bill* (Q. Tarantino, 2003), podemos saber aquello de «era una espada de Hattori Hanzo», en referencia a la importancia que tenían sus fabricantes, como especie de artistas místicos tocados por los dioses. Su taller era como un santuario y no eran considerados artesanos. Todos los días empezaban su tarea con una plegaria y una ceremonia de purificación antes de ponerse a «esculpir» una nueva espada.

Hanzo fue un personaje real que vivió entre 1541 y 1596 en la antigua ciudad de Edo (Tokio). Fue un valiente guerrero que llegó a salvar la vida al *shogun* Tokugawa y uno de los más poderosos *ninjas* de su tiempo. Los *ninjas* eran los guerreros en la sombra; especialistas en el sigilo y en no ser descubiertos. Protagonistas en asaltos y emboscadas; obtenían información o asesinaban sin dejar rastro alguno. Tarantino reconvirtió al personaje en forjador de espadas para su saga de *Kill Bill*.

La espada de un samurái era sagrada y estaba muy por encima de su caballo o armadura. Era lo último que el samurái se permitía perder; formaba parte de su honra e identidad. Era considerada un símbolo de estatus y expresión material de una actitud moral y espiritual. Como explica Miyamoto Musashi en *El libro de los cinco anillos* (1645), la espada representaba la mayor fortuna en la vida de un samurái.

En cuanto a la condición arquetípica sería bueno clasificar tres estadios posibles del samurái.

El samurái puro y clásico alcanza su sentido en tiempo de guerra. Su fortaleza es luchar, aunque la mejor victoria sea la que se obtiene sin derramamiento de sangre.

En tiempos de paz, durante el periodo Edo, el samurái se queda sin el conflicto bélico que da sentido a su condición de guerrero. Entonces, debe reconvertirse en *ronin* o samurái errante que vaga por el mundo en busca de nuevas misiones, o bien adquiere cargos en la administración y se apoltrona.

En ese periodo, como apunta Jonathan López-Vera en su *Historia de los samuráis* (Satori, 2017), ellos mismos, samuráis acomodados sin mucho que hacer, se encargan de construir una visión idealizada de ellos que igual ni tan siquiera existió. Por tanto, nos llega la imagen del mito samurái para construir esta imagen arquetípica de un guerrero noble y dotado de rasgos espirituales. Esto es posible gracias a la aparición tanto del *Hagakure* (Yamamoto Tsunemoto, 1716) como del *Bushido* (Inazo Nitobe, 1900), los dos textos fundamentales sobre la condición samurái.

Si atendemos de nuevo a la visión histórica del samurái, vemos

Armadura samurái con piel de oso.
Museo samurái de Berlín.

que sus orígenes se remontan a agricultores armados llamados *kume* que realizaron pequeñas incursiones militares en tierra enemiga o defendiendo la suya propia. Estos grupos empezaron a crecer entorno al siglo VI y llegaron a participar en expediciones a Corea. A partir del siglo X, ya en el periodo Heian, puede identificarse a los samuráis como estamento diferenciado en lo social, económico y militar. Se precisaba defender la capital, los territorios que el feudalismo iba delimitando, la defensa ante los «bárbaros» del norte y sus acometidas, etcétera. Los samuráis se agruparon en federaciones o *bushidans*, siguiendo un orden jerárquico. Estas podían contener entre cien y mil guerreros. Unos podían estar al servicio de funcionarios provinciales, otros se encargaban de recaudar impuestos y llevarlos a buen puerto, algunos se dedicaban a proteger de los bandidos... Mientras, los samuráis iban tratando de acrecentar la extensión de sus tierras como señores.

Durante los siglos XI y XII, los samuráis, como cuerpos de defensa de funcionarios provinciales o señores feudales, pudieron acceder a pequeños puestos de poder en la administración y heredar alguna tierra, ganando poder e influencia en las provincias. Su imagen, no obstante, no era muy bien vista. Cuando en el siglo XII crecieron las disputas entre regentes y señores feudales, estos ya no pudieron prescindir del servicio de los samuráis como guerreros a sus órdenes. Así llegamos a la guerra de Genpei como suceso constituyente y consolidador de la clase samurái. Dos familias luchaban entre sí, pero incluso dentro de los clanes guerreros hubo confrontaciones por la soberanía. La guerra se prolongó durante dos años. Su carácter cruel y fratricida dio pie a narraciones legendarias como el *Heike Monogatari*. En ese tiempo surgieron héroes como Yoritomo, jefe de los Minamoto, y su hermano menor Yoshitsune, un brillante estratega muy querido por el pueblo, al que Basho dedicó unas líneas quinientos años después de su muerte:

> De los sueños
> del guerrero,
> sólo quedó hierba seca.

En el siglo XIII se rechazaron las invasiones mongolas, y la era Kamakura (1185-1392) supuso la primera con un gobierno militar en el país. En este momento, se consolidan las bases del arquetipo samurái con la influencia del budismo Zen, la ceremonia del té o el suicidio ritual o *seppuku*. Con el shogunato de Muromachi (también llamado de Ashikaga), la guerra se convierte en régimen de vida. Guerras como la de Onin (1467), que duró once años, redujeron ciudades como Kioto a ruinas. Los daimios ocuparon la cima de la nueva élite militar y la guerra se recrudeció. Estos daimios echaron a los señores feudales para ocupar su lugar y se establecieron como terratenientes autocráticos. El «periodo de las provincias en guerra» fue un siglo caótico lleno de luchas, pese a que esta era, Sengoku, fue también un periodo de modernización. Se construyeron muchos castillos y los ejércitos se hicieron cada vez mayores. La victoria ya no dependía tanto de la lucha cuerpo a cuerpo, sino de factores tácticos más sofisticados. Por otra parte, los misioneros portugueses introdujeron el mosquete en 1543, así que algunos ejércitos pasaron a contar con su infantería. Un tiempo después, a partir de 1607, se limitó la producción y tenencia de armas de fuego; hecho que benefició a la clase samurái cuya valentía resultaba inoperante ante estas nuevas armas. Estas ya no desaparecieron de Japón, pero quedaron bajo custodia de quienes gobernaron el país en los siguientes trescientos años, durante el denominado periodo Edo o shogunato de Tokugawa (1603-1868). Hasta entonces, los samuráis habían logrado alcanzar la cima de la élite militar y social. A partir de ese momento, tuvieron que recolocarse al servicio del *shogun* o como vasallos de los daimios, sin el apremio de ninguna contienda por delante. Básicamente, se trataba de proteger el bandidaje y poco más. Tokugawa gobernó desde un estado centralista neofeudal. Al llegar al siglo XVII se empezaron a sentir síntomas de decadencia y algunos eruditos reaccionaron contra la decadencia tanto económica como moral que vivía la clase samurái. En ese tiempo se publicó el *Bushido* de Inazo Nitobe, que trataba de ubicar al samurái como modelo educador y garantizador del orden público en tiempos de decadencia. Al fin del shogunato y la entrada de la reforma Meiji, los comerciantes se habían enriquecido y los samuráis, empobrecido; habían dejado de ser un estamento poderoso. El último coletazo fue la revuelta entre 1874 y 1877. Por fortuna, su desaparición fue progresiva, gracias a medidas de compensación y protección: se les dieron tierras en la periferia de grandes ciudades o en la isla de Hokkaido.

La honradez, valentía, lealtad y autocontrol de los samuráis sirvieron como modelo para generaciones futuras. En cuanto a Japón, se construyó una estrecha y simbólica relación entre ellos y los pilotos kamikaze de la Segunda Guerra Mundial. En el *Bushido* está la máxima de aprender y honrar a los antepasados. En este sentido, los samuráis son como las raíces de Japón.

El cine de samuráis

El cine de samuráis se conoce como *chambara* y remite a historias que se desarrollan normalmente entre los siglos XV y XVII y que implican guerras, honor, lealtad y a ese arquetipo solitario, o *ronin*, que sirvió de inspiración al western norteamericano. Esta conexión, sumada al occidentalismo de Akira Kurosawa, que en distintas películas suyas adaptó a su admirado Shakespeare (*Trono de sangre/ Macbeth – Ran/El rey Lear...*), estrecharon puentes entre Oriente y Occidente. El cine de samuráis se dio a conocer con tres Óscars consecutivos a mediados de los años cincuenta. *Rashomon* (A. Kurosawa, 1950) que ya había ganado el festival de Venecia (1951) ganó en 1952. *La puerta del infierno* (T. Kinugasa, 1953) lo hizo en 1955, y *Samurái* (Miyamoto Musashi, 1954), de Inagaki Hiroshi, volvió a ganar en 1956. En 1941, Kenji Mizoguchi, maestro en el plano secuencia y la composición, había rodado *Los leales 47 ronin*, antes de filmar sus hipnóticos *Cuentos de la luna pálida* (1953), otra película de repercusión internacional con premios como el León de plata de Venecia.

Masaki Kobayashi es el otro nombre importante en el cine de samuráis. Después de participar en la Segunda Guerra Mundial, se convirtió en un declarado pacifista. Su espléndida *Harakiri* (1962) es una película antibelicista ambientada en el shogunato de Tokugawa. Pone en tela de juicio el código samurái y la crueldad del feudalismo japonés. Todo lo contrario a lo que sucedía en 1941 con *Los 47 ronin*, que se considera una película patriótica, a favor de la venganza, que el gobierno provisional norteamericano prohibió por moralidad indebida. Entre los años 1945 y 1949, el ejército de ocupación americano prohibió los films de samuráis con temáticas relacionadas con deseos de venganza y los férreos ideales de la Edad Media. En general, los cineastas japoneses sufrieron una estricta censura durante este periodo.

Durante los años cincuenta, la aportación de Kobayashi fue *El intendente Sansho* (1954), un intenso drama íntimo sobre un hijo y su madre en plena época Heian (siglo XII). El film también ganó el León de Plata en Venecia.

En general, el cine *chambara*, junto con el cine realidad del maestro Ozu, sirvieron para dar a conocer el mundo japonés a Occidente. Durante los años de la Segunda Guerra Mundial, se hizo un cine más abiertamente propagandístico, y los cincuenta y sesenta fueron los años de esplendor del cine de samuráis. Además de la narración de acontecimientos históricos, estas películas presentaban héroes sumidos en el conflicto de hacer el bien por los demás y ceñirse a la noble causa o dejarse llevar por sus deseos más básicos y humanos.

En lo cinematográfico, el samurái cumple con el arquetipo de héroe inquebrantable; un ser solitario al que no le importa prescindir de todo para vivir en la austeridad. Esa es la imagen que se forjó en mi memoria a partir de la de Toshiro Mifune, un actor superdotado por su fortaleza y carisma. Se trata de un John Wayne japonés, más humano, con más matices, dotado de una solitaria y romántica soledad que en *Yojimbo* (1961) le llevó a construir el primer *ronin* antihéroe. Ya antes, los samuráis de Kurosawa eran pobres, sucios y descuidados, pero en su creación del personaje de Sanjuro, se mostró a un ser humano con todas sus debilidades e imperfecciones. Kurosawa volvía a tender puentes entre Oriente y Occidente, dado que la película es una adaptación de la novela *Cosecha roja* (1929) de Dashiell Hammett. Al año siguiente, se estrenó la secuela *Sanjuro* (1962). Estrechando los lazos entre el *chambara* y el *spaguetti western*, Sergio Leone confesó que su *Por un puñado de dólares* (1964) era un homenaje a *Yojimbo*. Como no había pagado los derechos de autor, se inició un conflicto con Kurosawa que se resolvió a favor del japonés.

No hay una película en la que Mifune no esté bien. Pese a la gesticulación propia del teatro *no* japonés, sabe ser contenido en ocasiones y divertido en otras. Siempre dotó a sus personajes de una digna moralidad e integridad que casan perfectamente con la imagen idealizada que tenemos del samurái. Entre su filmografía destacaría *Rashomon* (Kurosawa, 1950), *Samurai* (Inagaki, 1954), *Trono de sangre* (Kurosawa, 1957), *Yojimbo* (Kurosawa, 1961) o *El samurai rebelde* (Kobayashi, 1967).

En mi mitología cinematográfica particular, me cuesta concebir una película de samuráis sin Toshiro Mifune, quien obviamente estaba en la popular *Los siete samuráis* (Kurosawa, 1954). También debo reconocer que mi aprendizaje del mundo samurái se lo debo básicamente a Kurosawa, un director japonés que para todos aquellos que estudiamos cine representa una obligación por su calidad técnica. Además de por sus historias, el maestro Kurosawa enamoró a discípulos como Scorsese o Lucas por su capacidad de mover la cámara o por unos recursos de montaje prodigiosos. El arranque con el paseo por el bosque del carpintero en *Rashomon*, rodado cámara en mano y a contraluz, o la secuencia de la batalla en el barro de *Los 7 samuráis*, son auténticas lecciones de cine. *Rashomon* es una película de construcción avanzada a su tiempo, con un incidente que se revela desde distintos puntos de vista, de forma fragmentada, anticipando lo que, por ejemplo, hará Tarantino en los años noventa. Kurosawa sabe tratar el conflicto interno y que la acción revele el alma de sus personajes. El hombre enraizado en la naturaleza, como esa lluvia que siempre aparece en los momentos climáticos de su cine. Los samuráis, que durante la reforma Meiji habían quedado desacreditados y casi olvidados, fueron recuperados por Kurosawa desde una visión bastante imparcial y poco heroica. No los reverenciaba ni los ridiculizaba, pero algunos, como es mi caso, los idolatrábamos por su entereza y valor. *Los 7 samuráis* eran como los caballeros de la mesa redonda, dotado cada uno con un carácter humano propio, conteniendo esa esencia de humanidad que Kurosawa aprendió de Shakespeare. Uno lacónico, otro exaltado, el siguiente sereno y cada uno diestro en distintas formas de combate. Con esta película, Kurosawa relanzó el *chambara* dándole enérgicas secuencias de acción que luego siguieron otros, como Tomo Uchida en *Miyamoto Musashi* (1964). Los duelos filmados por Kurosawa en *Sanjuro* también eran muy realistas, además de vigorosos. El maestro japonés había estudiado *kendo* de niño y conocía el camino de la espada, no en balde él mismo era descendiente de samuráis. Cinematográficamente, Kurosawa rodaba estas batallas o duelos con diversas cámaras y, después, hacía alarde de su dominio del montaje. *Los 7 samuráis* es una película perfecta en su sentido del ritmo y calidad narrativa. Como es sabido, después fue adaptada por Hollywood en *Los 7 magníficos* (J. Sturges, 1960) con un reparto propio del *star system*. Esta es otra película que marcó la educación cinematográfica y vital de muchos.

Entre las películas clásicas de samuráis que más me impresionaron está *Harakiri* (1962), de Kobayashi, autor de la sorprendente y experimental *Kwaidan* (1964). Este director siempre se muestra crítico tanto con las costumbres feudales como con la sociedad contemporánea.

La belleza de los planos y la depurada estética zen, con grandes espacios vacíos y en blanco, contrastan con la dureza de la acción propia del suicidio ritual. Así, comprendemos la muerte como un absurdo, al tiempo que hay un respeto reverencial hacia ella.

En todos estos films, los samuráis se muestran como una casta guerrera, un clan repleto de individuos que aúnan dignidad, fortaleza, aptitudes para el combate y para la vida, desde una apreciable vulnerabilidad. Al menos, esta es la imagen que transmitió Kurosawa con su poderosa influencia.

Los últimos *chambaras* del maestro japonés son *Kagemusha* (1980) y *Ran* (1985), dos obras magnánimas, casi beethovianas en su proporción. Cine de alto presupuesto, auspiciado por sus admiradores Francis Ford Coppola, Martin Scorsese o Steven Spielberg, que financian el rodaje de unas batallas colosales que homenajean el sentido del montaje del cine soviético de Eisenstein. Todo entre colores intensamente contrastados y la épica de una naturaleza radiante. Entre medio, algunos interludios zen en escenas más contenidas e íntimas o pictóricas escenas oníricas. El universo Kurosawa es inagotable y se clausuró con mucha dignidad, esa que, paralelamente, ha permanecido como propia de la casta samurái.

La modernidad ha traído versiones mucho más violentas y descarnadas del cine de samuráis, como *Zatoichi* (T. Kitano, 2003), *Los 13 asesinos* (2010) de Takeshi Miike o *La leyenda de los 47 ronin* (C. Rinsch, 2013). Alguna, como *El crepúsculo de un samurái* (2002), de Yoji Yamada, muestra un tono más intimista y profundo, relacionado con todo este cine clásico que hemos expuesto y que irá apareciendo en las páginas de este libro como complemento a los *sutras* de aprendizaje de *mushin*.

Acabamos este bloque introductorio con la descripción del que podría ser el samurái arquetípico, con cualidades como el valor, la vulnerabilidad, la resistencia, la austeridad, la mirada interior y ese cruce tan fascinante entre el guerrero o la guerrera que no lucha y el monje o monja que atiende a su camino espiritual. Fortaleza y espiritualidad, individuo y clan. Cuidado interno y devoción en la ayuda a los demás.

Miyamoto Musashi, un arquetipo ideal de samurái

Dice la leyenda que Musashi había participado en la batalla de Sekigahara en el 1600. Estaba en el bando derrotado y tuvo que huir para iniciar una vida de samurái errante que le llevó a estar al servicio de distintos señores hasta el final de sus días cuando decidió volcarse en el budismo Zen y retirarse. El mito de Miyamoto Musashi no se fundamenta en el hecho de ser uno, sino el mejor de los espadachines que ha conocido la historia de los samuráis. Al parecer nunca llegó a perder un duelo y sus gestas fueron narradas por generaciones hasta que Inagaki lo inmortalizó en su trilogía fílmica *Samurái I, II, III* (1954, 55, 56). Lo mismo hizo, años después, Eiji Yoshikawa con *Musashi I, II, III*, una trepidante novela de aventuras sobre este gran guerrero samurái.

Para entendernos, su figura estaría, si tomamos arquetipos de la iconografía popular occidental, entre Lancelot y *El jinete pálido* (Clint Eastwood) por su destreza en el combate. Su vertiente mística y espiritual de los últimos años encaja con Parsifal o Gawain, los caballeros del grial.

Musashi cumple a la perfección con esa imagen del guerrero monje. Personalmente, me atrajo desde el visionado de la trilogía fílmica y la composición de Toshiro Mifune. A partir de él, se ideó la semilla de este libro como modelo de samurái más moderno. Me gustó, sobre todo, su sentido de independencia y singularidad. El arquetipo de samurái que presenta Miyamoto Musashi es el de la persona que no se casa con nadie, como Humprey Bogart en las películas de detectives del cine negro o aquellos cazarrecompensas del *spaguetti western*.

Su historia se inicia en un pueblecito de la provincia de Harima en 1584. Conocido también como Shinmen Takedo o por su nombre budista Niten Doraku. Su padre era un samurái vasallo del señor del castillo de Takayama. Cuando el chico tenía apenas siete años quedó huérfano al perder a su padre por causas desconocidas. Un año antes había fallecido su madre. En ese momento, cayó bajo la tutela de su tío, que era sacerdote. Dada la fortaleza del joven Musashi, este insistió para que estudiase el arte de la guerra. Pronto se vio involucrado en combates y se especializó en el camino del guerrero con la esgrima. Su primer duelo serio fue a los trece años. Llegó a Kioto y ganó todos sus duelos, aunque los contrincantes fueran mayores que él. En Edo, se enfrentó a Muso Gonnosuke, experto artista marcial de bastón largo, en el único combate que pudo empatar. Al final de su adolescencia, empezó a peregrinar para perfeccionar su técnica en numerosos combates de los que salió siempre vencedor. Así se mantuvo, como samurái errante, hasta los cincuenta años cuando pareció asentarse. Desde ese momento, buscó el camino de la iluminación a través del camino de la espada. Como un auténtico vagabundo del Dharma, nunca tuvo mujer ni oficio. Sólo se dedicó al estudio de sí mismo y a perfeccionar su técnica de combate. Como se plantea en la película de Inagaki, pudo tener un amor llamado Otsu, pero nunca pasaron excesivo tiempo juntos. Mientras, su escuela iba ganado adeptos. Una de sus especialidades era el lanzamiento de sables cortos (*wakizashi*) y sable largo (*katana*). Probablemente, el combate más importante es el que tuvo con Sasaki Kojiro en la isla de Funashima (hoy, Ganryushima). Este episodio constituye el clímax de la clásica trilogía fílmica. Corre el mito de que a este temido oponente lo mató de un golpe en la cabeza, con una espada de madera hecha con un remo. En 1615, parece que participó en una ofensiva militar contra el castillo de Osaka y, un tiempo después, en el asedio de Hara, durante la rebelión de Shimabara, donde fue herido gravemente pero no murió. Después de una intensa vida, en 1643 se sintió enfermo y, tras purificarse ascendiendo al monte Iwato (en la isla de Kyushu), se retiró a componer *El libro de los cinco anillos*. Meditó *zazen* durante dos años, integrando sus experiencias, y acabó sus días como un ermitaño en la cueva de Reigando. Poco antes de morir, escribió *El camino de la autoconfianza* (en mayo de 1645).

Miyamoto Musashi fue un hombre polifacético. No sólo fue el mejor espadachín de su tiempo, sino un hombre cultivado en la poesía, la pintura, la metalurgia o la ceremonia del té. Vivió una época de transición, paz y esplendor que acabó con años de guerras.

En la técnica de la espada había mucho del estado *mushin*. En este estado, la mente se detiene para extenderse reposadamente sobre todo el cuerpo. Esto es lo que Takuan Soho (1573-1645), un sabio monje zen de la escuela Rinzai, enseñó como importante instructor a Musashi.

Para este gran samurái, las artes marciales estaban estrechamente vinculadas con nuestra espiritualidad y psicología. *El libro de los cinco anillos* se relaciona directamente con el ayurveda y la medicina china desde los cinco elementos: la tierra como base del arte marcial, el agua como el fluir propio de su estilo, el fuego como energía esencial y cambio, el viento como la integración de todos los estilos, y el éter como lugar del que proceden todas las cosas. Acabamos transcribiendo, uno por uno, los veintiún puntos que Musashi redactó poco antes de morir como guía para la obtención de la autoconfianza.

Dokkodo, el camino que se anda solo (M. Musashi)

- No te rebeles contra los caminos de este mundo.
- No busques el placer físico.
- No intentes confiar en nada.
- Date menos importancia, dásela al mundo.
- Evita pensar de forma codiciosa.
- No te reproches tus actos pasados.
- No envidies lo bueno ni lo malo de los demás.
- No te lamentes de aquello que se ha ido.
- No sientas amargura ni por ti ni por los demás.
- Que tu espíritu no se deje llevar por las pasiones amorosas.
- No te guíes por tus preferencias.
- No sientas grandes deseos de poseer una casa lujosa.
- No busques el placer en la comida.
- No poseas reliquias valiosas para dejar en herencia.
- No ayunes de tal manera que afecte a tu salud.
- No busques especial sofisticación en las armaduras del guerrero.
- No temas que la muerte te encuentre en el camino.
- No trabajes con la intención de poseer riquezas en tu vejez.
- Respeta a los dioses y a los budas, no dependas de ellos.
- Aunque te encuentres al borde la muerte, nunca abandones el honor.
- Nunca te alejes del camino del arte de la guerra.

Budismo Zen

El Zen es una extensión del budismo pasado por el filtro de las enseñanzas taoístas y elementos del sintoísmo autóctono. El budismo llegó a Japón procedente de China donde adquirió las cualidades de la filosofía del Tao y la armonía con la naturaleza. Originariamente, el Zen fue denominado Ch'an, que significa meditación, y se desarrolló durante la dinastía Tang. El budismo había alcanzado China en el siglo I a.C. De ahí pasó a Corea y mucho después a Japón. El Zen, como tal, no quedó establecido hasta el siglo XIII, después de que monjes misioneros lo difundieran por sus islas. Junto a las enseñanzas religiosas, entraron también formas artísticas que la cultura japonesa asimiló.

Como filosofía, del taoísmo recogió el gusto por la paradoja: el ser y el no ser son una misma cosa, algo que el Zen desarrolla desde los *koans*, extraños acertijos imposibles de resolver; son aporías o razonamientos irresolubles. Uno de los más famosos es el del maestro Hakuin Ekaki que dice: «Este es el sonido de dos manos, ¿cuál es el sonido de una sola mano?». El *koan* no busca dar con la respuesta, sino ampliar el punto de vista mediante una forma de pensamiento lateral. En él se activa el hemisferio derecho de la intuición, partiendo de analogías que no siguen una secuencia lineal característica del pensamiento vertical en el que estamos habitualmente. Un desafío para la razón que nos habla de otra forma de comprensión.

En conjunto, el Zen puede entenderse como una mezcla del naturalismo taoísta chino, con toques del sintoísmo japonés y dosis del humanismo de Confucio. El Zen es una filosofía del vacío, del no tener nada en plena era de la opulencia. Se adscribe al principio budista de *shunyata* que puede traducirse como vacuidad o vacío pleno. El valor de la pobreza, lo simple y la pureza. Uno de sus puntos

Detalle de un antiguo sendero en el templo zen de Eiheiji.

centrales es mantenerse enfocado en lo esencial. Para ello hay que depurar y vaciarse de todo lo superfluo. Eliminar el ruido para poder escuchar. Barrer las hojas cada mañana para meditar en atención plena y comprender la realidad. El Zen enseña a estar en el aquí y el ahora, comprendiendo ese valor samurái de la impermanencia, lo que los budistas llaman *annica*. Nada permanece; vida y muerte son polos que se atraen. Por eso hay que vivir en la inmediatez del presente. Para el samurái, la espontaneidad lo es todo en el combate. Entrar en relación con el fluir de la naturaleza y ejecutar golpes precisos instantáneos. La espontaneidad y la intuición son dos valores fundamentales, tanto en el pensamiento como en la vida o el arte de la guerra. La atención al presente evita la dispersión y enfoca la percepción, la mente y los sentidos. Así, el guerrero se alinea desde un centro muy poderoso, al tiempo que la inmediatez le lleva al fluir en perfecta conexión con lo que acontece. La eternidad existe en el aquí y el ahora.

Meditando, el practicante busca un estado contemplativo que altera la conciencia para comprender la realidad en su forma más profunda y nítida. El estado de última y absoluta sabiduría es llamado *satori*, algo así como el nirvana de los hinduistas. Se contempla como un momento de no mente y de presencia total. Vendría a ser la iluminación, más allá de la experiencia terrenal. En el instante en el que uno trasciende el estado meditativo de *samadhi* y ve lo que es en su totalidad, alcanza el *satori*. En él, nos salimos de nosotros mismos.

Un *satori* es algo apto para grandes meditadores que vencen un conflicto mental, aclarando su sentido de la vida y la existencia. D.T. Suzuki considera que el *satori* es la razón de ser del Zen. Para alcanzarlo es importante trascender las parejas de contrarios y alcanzar la unidad.

> El camino perfecto no conoce dificultades,
> excepto que rechaza hacer preferencias.
> Sólo cuando se libera del amor y del odio,
> se revela a sí mismo plenamente sin disfraz alguno...
> Cuando la mente descansa serena en la unidad de las cosas,
> el dualismo se desvanece por sí mismo.
>
> D.T. Suzuki, *Ensayos de budismo Zen*

Satori.

Suzuki fue uno de los más importantes difusores del Zen con libros tan trascendentales como *El zen y la cultura japonesa* (1938). Procedente de Kamakura, este importante pensador era descendiente de samuráis. En el Zen, la esencia es la exaltación del momento presente y la experiencia intuitiva. Las cualidades son la simplicidad, el minimalismo, lo natural e inmóvil, la tranquilidad, la asimetría y el vacío. Características que se trasladan a la arquitectura, la pintura, la caligrafía o la poesía. Los jardines zen, como el de Ryoanji del siglo xv, son una de las máximas expresiones de esta disciplina, junto con el ritual del té. Ambos comparten la apreciación por el detalle, lo simple y sutil. En el arte zen, lo insignificante y más simple puede mostrar la totalidad de la vida, sin prédica alguna o necesidad de discurso extenso y evidente, tan sólo sugestión y pura evocación.

Igualmente, el Zen, partiendo de sus influencias taoístas, da gran valor al no hacer. El *wu wei* de los chinos. Acometer las acciones sin involucrarse, fluir con el curso de la naturaleza, sin tratar de imponer o forzar nada. Este es el poder secreto de la no resistencia, la conciencia sin tensión que desde el Zen trasciende a artes marciales como el aikido o el judo.

El Zen no predica ni tiene enseñanzas o escrituras. La línea de transmisión es de maestro a alumno, sin excesiva dependencia de las palabras. El foco está en el espíritu humano, en apuntar al alma desde la inmediatez para ver y comprender nuestra verdadera naturaleza. Hay un precepto zen que dice: «Desecha el cuerpo para encontrar el espíritu».

Estar en el aquí y el ahora nos permite comprender la naturaleza de lo real. La conciencia debe sumergirse en el subconsciente. No buscamos la iluminación suprema ni ser un buda, sino aprender a ser lo que potencialmente somos. Experimentar lo que es.

Para el Zen, Dios, el hombre y el universo son Uno. Sólo la mente errónea del hombre lo contempla como partes escindidas. No hay un dios creador; tan sólo la visión del universo como una substancia indisoluble o unidad total de la que el hombre es sólo una parte. En esta unidad, todo está constantemente penetrando en armonía, de forma libre y en movimiento cambiante.

Como repite Suzuki, nuestro ser está firmemente asentado en el vacío. Para llegar a él, no hay más práctica que el *zazen*. Meditar en postura fácil, con la mente fluyendo fuera de la cadena de mil pensamientos y deseos. Manos sobre el regazo, el dorso de la mano izquierda reposa sobre la palma derecha, los pulgares se tocan. Columna estirada, mentón entrado y la lengua en el paladar. Postura estática como una roca. Los ojos siempre abiertos, fijos en un punto. Permanecer centrado nos prepara para movernos en cualquier dirección. El significado de la práctica del *zazen* es situarse en el centro. Meditamos para encontrar nuestro equilibrio. Cuando el cuerpo encuentra este punto, el corazón y la mente se fusionan en el centro.

El Zen suspende las reglas y prejuicios que hemos establecido sobre todas las cosas y la mente abandona su discurso. Ver el mundo como es, sin conceptos. Así vemos con claridad desde un mirada prístina y lúcida.

El camino está cerca, pero los hombres lo buscan lejos. El Zen es estar en el aquí y ahora para comprender la naturaleza de lo real. Hallar la realidad más allá de las formas de la realidad.

Si pensamos en espacios, las montañas son el espacio privilegiado para la práctica religiosa. De hecho, el Zen es como un torrente del que beber experiencia y sabiduría. Muchos centros monásticos se hallan en montañas, como el monte Hiei o el Koyasan. Hay una importante ramificación del budismo, la escuela Shugendo, que se concentra en vivir la experiencia del ascetismo en las cumbres. Sus seguidores se entregan a la montaña, padecen todo tipo de austeridades, moran en cuevas o se bañan en cascadas sagradas.

Existen dos escuelas zen principales: la Rinzai (súbita y espontánea) y Soto (la gradual). La segunda es muy austera y disciplinada, más propia de los samuráis. La escuela Rinzai resulta más popular y asequible, con enseñanzas mediante los *koans* y métodos algo más amables. En ambas se busca la comprensión intuitiva o incluso sensual; no se siente de forma racional ni emocional, sino de forma directa. El acento se pone en el esfuerzo personal del individuo para alcanzar el despertar espiritual o *satori*, siguiendo el modelo del Buda Sakyamuni. La práctica común es el *zazen* o meditación sedente.

Alan Watts, junto a D.T. Suzuki, fue otro de los grandes difusores del Zen. Con apenas veinte años, en 1936 publicó su primer libro, *El espíritu del zen*, y años después, ya en California, enseñó pensamiento oriental en la Academia Americana de Estudios Asiáticos (San Francisco), y siguió con obras tan populares como *El camino del zen* (1957). Como impone el Zen, los libros son tan sólo un complemento. La disciplina se aprende desde el *zazen* y con la transmisión directa entre maestro y alumno. Watts lo hacía dando seminarios en su *house boat* de Sausalito.

> El Zen está en la raíz de todas las religiones ya que es una forma de liberación que se centra en las características que son básicas en cualquier tipo de misticismo: un despertar de la unidad o esencia de la vida, así como la existencia interior de Dios, en oposición a su existencia exterior [...]. Nosotros creemos que el alma está separada del cuerpo, que el espíritu está separado de la materia y, por extensión, que Dios está separado del mundo.

En el Zen, la fe no consiste en aferrarse, sino en dejarse ir. Podemos pensar que los samuráis utilizaron el Zen para cortar cabezas. Probablemente es cierto, pero estos valerosos guerreros se sintieron inferiores a los monjes zen porque estos no temían a la muerte. En el Zen está implícito superar el miedo a morir. La muerte puede ser vista como un acontecimiento natural. Desde el aprendizaje Zen, los samuráis adquirieron un coraje superior al no temer a la muerte.

Por otra parte, el Zen enseña desde el diálogo, como hizo la tradición griega con Platón o Sócrates. Diálogos basados en pregunta/respuesta que en Japón se llaman *mondo*. El maestro zen aturde a sus alumnos con una cascada de preguntas que no siempre tienen respuesta. Un ejemplo de una pregunta sofística podría ser el siguiente: ¿qué será después de la muerte?

Ponemos demasiado énfasis en lo que está fuera y debemos ver lo que está en nuestro interior. No es preciso dividir la realidad en parejas de contrarios, viviendo en la polaridad, pero... ¿podemos pensar sin dividir? Esta sería otra pregunta muy zen. La verdad es que, desde el intelecto, parece imposible porque siempre estamos catalogando y enjuiciando. En cambio, desde la inmediatez intuitiva, sí que podemos estar en la globalidad, en la visión integral de la realidad y cuanto acontece, leyendo el campo de una manera completa. Esto es aquello que llamamos *prajna* y que también fue fundamental para la formación del samurái. Sucede fuera del intelecto y de los sentidos.

En el Zen, uno siempre depende de sí mismo, no de los demás. El *satori* o cualquier tipo de revelación suceden en ti. El Zen te dice que creas en ti mismo, no en los demás. Tampoco en los libros, las escrituras, o en las cosas que no son tuyas. Todo lo que leas o escuches no es tuyo. Profundiza en tu interior, medita y vive el Zen desde tu experiencia personal. El samurái fue un ser individual e integral; nunca perdía su propia luz y la conciencia personal.

En cuanto a si el Zen es una religión, tal y como expone Alan Watts en repetidas ocasiones, no lo es si por religión entendemos un sistema de creencias. El Zen busca precisamente liberarnos de las creencias desde una práctica experiencial y empírica.

Cuatro preceptos podrían resumir la filosofía Zen:

- La enseñanza verdadera se transmite independientemente de las escrituras budistas.
- No se transmite mediante la palabra escrita, sino de espíritu a espíritu.
- Apunta directamente al corazón humano (donde reside la naturaleza *bodhisattva*).
- Logra la budeidad reconociendo la propia naturaleza.

Sabiduría samurái

La sabiduría samurái va más allá del Zen. Nos referimos a ella en términos más próximos a la forma de moralidad establecida. En este sentido, el confuncianismo chino es una influencia innegable, aunque el carácter japonés goza por sí mismo de un sentido de la disciplina y la austeridad propio. El estudioso contemporáneo Thomas Cleary es una de las voces más autorizadas, como traductor de textos sobre sabiduría oriental, artes marciales y budismo, en torno a la figura del samurái. Parto de su traducción del *Camino del guerrero* de Yamaga Soko para esbozar una síntesis del saber samurái antes de referirme a los dos textos clásicos por antonomasia: el *Bushido* de Inazo Nitobe y el *Hagakure* de Yamamoto Tsunetomo.

La contradicción del samurái es que se alimenta sin trabajar la tierra, utiliza lo que no fabrica y gana sin comerciar. Es una persona al servicio de un señor y cobra por ello. Precisa de una fortaleza interior y una gran determinación, así como de un profundo esfuerzo y disciplina. Entre las técnicas mentales, destacan las cinco siguientes cualidades:

1. Talante: disposición positiva y talante tranquilo para que la mente también lo esté. Esto pasa por un grado de refinamiento y por reducir lo excesivo. El talante exterioriza lo que está en el interior de la persona, así que esta debe meditar para obtener la calma. Cuando el talante es agitado, todo lo que se hace es arbitrario.

2. Magnanimidad: liberar el corazón para que pueda admitir y englobar a todo el mundo. Como el cielo, hay que ser abierto. Ser magnánimo es ser bondadoso y respetuoso con los demás.

3. Resolución: condición de ser determinado. Implica carácter y actitud para ir hacia las cosas y su noble cumplimiento.

4. Suavidad: pese al carácter y la determinación, se debe emanar cierta gentileza. Esto implica profundidad y tolerancia. No hacer ostentación de los valores propios, ocultar de forma mesurada la luz propia y no demostrar nada extraordinario. Así, entre otras cosas, se pueden desterrar ciertas envidias.

5. Personalidad: un hombre debe tener una presencia transparente como una jarra de cristal llena de agua pura. Ni tosquedad ni vulgaridad para caer en lo común y ajeno. La personalidad hace que interiormente no precisemos congraciarnos con nadie ni queramos asemejarnos al otro. Esto es la singularidad de un carácter determinado, no orgulloso. Así mismo, el samurái debe ser recto, honesto y no dejarse llevar por la ambición o el deseo de lucrarse. No hay que abandonar los deseos internos y los valores para conseguir comodidad y placeres externos o carnales.

Si contemplamos puramente las bases morales, el guerrero samurái, según el *Camino del guerrero*, atiende a las siguientes consignas:

1. Hacer las paces con el destino: el sufrimiento por la pérdida, el desastre, la pobreza, la soledad, o el duelo, agitan nuestra mente. Cuando somos felices, todo cambia. En ocasiones, es tan sólo una cuestión de actitud. Un hombre de carácter no pierde la cabeza y se reconcilia con el curso de la vida. Mencio, el discípulo de Confucio, dice: «No hay nada que no sea el destino, pero acéptalo con lealtad». Quien no esté en paz con el orden de las cosas actuará de forma arbitraria y cometerá errores. Hay que estar siempre en paz con el orden natural y no hacer ostentación de la riqueza o la posición porque todo es relativo. Tampoco hay que detestar la austeridad y la pobreza, ni avergonzarse de ello, porque también forma parte del orden natural. Si nos dejamos llevar por las apetencias y aversiones personales, la confusión irá en aumento.

2. Integridad: ser íntegro es no aceptar sobornos externos y ser fiel a las propias convicciones. Esto implica permanecer impasible ante lo que cierta gente mundana es incapaz de soportar. Ser honrado es ser íntegro. Para mantenerse íntegro es necesario tener determinación, si no se puede caer en la codicia.

3. Honradez: cualidad de acatar lo correcto, sin dudar. También implica poner límites o corregir lo que no está bien, sin importar la relación o el rango. Implica trascender el halago a las personas poderosas, o no adaptarse a las convenciones establecidas.

4. Firmeza y constancia: fortaleza en el ánimo y no doblegarse ante las cosas. La constancia nos permite mantener las aspiraciones o propósitos que queremos cumplir. No vacilar en la vida y seguir una intención o misión con paso firme es condición indispensable del samurái. La integridad y la honradez no pueden mantenerse sin una constancia firme. Mencio recuerda: «Un caballero no pierde la compostura cuando se halla en dificultades, y no se desvía de los principios en el éxito».

Si no hay firmeza, nos perdemos en la búsqueda del propio provecho o en los anhelos más hedonistas: los placeres de los sentidos, el capricho de los placeres mundanos... La base está en no perder de vista el deber para no fracasar en la misión más importante que nos hemos propuesto.

5. Depurar el carácter: trabajar la lealtad y la piedad siendo completamente sincero. El carácter puede entenderse como el ejercicio externo de lo que cultivamos interiormente; implica

sinceridad y transparencia. Nuestro carácter muestra lo que somos internamente, no el personaje ni el actor que nos posee.

6. Humanidad y justicia: dos pilares básicos. La humanidad nos lleva al amor. La justicia es ser escrupuloso en todo tipo de situaciones. Un corazón justo nos permite manejar los asuntos de la vida adecuadamente; aporta confianza y determinación. La humanidad es la base de la virtud y la justicia, su aplicación práctica.

7. Erudición: los relatos y actos de las personas nobles ayudan a comprender los cambios de la era presente y los principios que rigen muchas cosas que nos rodean. La erudición aumenta la inteligencia, el conocimiento y la percepción. No hay que ser de mente estrecha e intelecto parcial. Los preceptos de la familia del clan Yan afirman: «La razón para leer y estudiar es abrir la mente original, lavar los ojos y mejorar la conducta».

    Pese a que la erudición es importante, la corrección de la mente o el gobierno del cuerpo no dependen de ella. El estudio es sólo una herramienta para comprender mejor el pasado y el presente.

8. Decoro al hablar: discreción a la hora de hablar, buscando que las palabras sean siempre mesuradas. Las palabras se reflejan en los actos, y estos en ellas. Antes de hablar, es conveniente tranquilizar la mente. No agitarse, sosegarse y evitar la precipitación. La impulsividad es enemiga de la palabra. Igualmente, hablar con demasiada rapidez es signo de mala educación

y dificulta la comunicación. Como se dice en el *Camino del guerrero*: «Si hablas deprisa y respondes de manera impulsiva, pretendiendo ser inteligente, demuestras desconocer que la falta de deferencia cortés es indigna y descortés».[1] Hablar deprisa implica ser internamente descuidado y poco considerado.

Es bueno evaluar el momento adecuado para hablar, el instante preciso en el que decir algo. Por último, siempre que se hable con alguien hay que hacerlo de manera que le beneficie. Esta es una forma de ayudar a los demás. Una persona noble no habla sólo para beneficiarse ella misma.

9. Cuidar las apariencias: una persona noble siempre tiene un aspecto relajado. Esto implica un talante calmado y deliberadamente sosegado. Con los invitados hay que ser respetuoso. En las ceremonias, lo principal es la reverencia; en los funerales, la tristeza; en las fiestas, lo principal es la animación... Hay que saber comportarse en todas las situaciones y mantener las apariencias. No se debe mostrar pereza ni descuido. Igualmente, los modales civiles no deben llevarse a la batalla, y los modales militares no deben entrar en la esfera civil. El tono de voz importa que sea calmado; nunca quejica ni desagradable. Confucio proponía que la persona fuera desde su hálito del lenguaje, humilde con voz alegre. En cuanto a la postura, uno debe sentarse adecuadamente, sin cruzar las piernas, ni mostrando las plantas de los pies, con la mirada a la altura adecuada.

---

1. T. Cleary, *La sabiduría del samurái*, Kairós, Barcelona, 2009, p. 99.

10. Moderar el consumo de alimentos y bebidas: la contención es una virtud. Mejor no consumir alimentos exóticos y comer regularmente arroz blanco. Cuando se come en compañía, no hay que saciarse. Hay que evitar comer demasiado en cualquier circunstancia y ser educado en la mesa, evitando sorber, roer huesos o hacer ruidos innecesarios.

    Un señor es digno en la mesa y contenido con la bebida y la comida. Es preciso mantener el cuerpo con alimentos ordinarios, no codicioso con la vida. Moderar el vino y aumentar el agua en el riñón.

11. Vivienda digna: la morada afecta al talante y al estado de ánimo. Lo dice Mencio. Si el hogar no es el adecuado, los modales pueden llegar a no ser correctos y vivir desgraciadamente. Sólo las personas muy primitivas no tienen en cuenta la importancia de su casa. El equilibrio en la decoración y la armonía garantizan el bienestar. Con la edad, deben hacerse los ajustes necesarios para que la vivienda siga siendo confortable sin perder su dignidad y decoro. En la antigüedad, se separaba el espacio para los hombres y las mujeres dentro del hogar. Un dormitorio puede ser un espacio grande, con otra habitación auxiliar más pequeña en la que tener encuentros íntimos. Así, la morada personal está dividida en sala de estar, dormitorio y vestidor. Los corredores externos sirven para unir estructuras grandes y pequeñas como la cocina y el almacén. En la construcción general importa el sentido liviano. En lo energético es bueno consultar a espíritus o fantasmas sobre la cuestión de la vivienda.

El *Hagakure* es uno de los pilares de la sabiduría samurái. Las estrictas enseñanzas del código de conducta samurái se habían mantenido de forma oral hasta que, en el año 1716, Yamamoto Tsunetomo las codificó a partir de una conversación con el joven samurái Tashiro Tsuramoto. El libro es una mezcla de aforismos, comentarios personales o consejos en torno a la vida de un samurái. Son once capítulos que exaltan la vía del samurái. No se trata de un sistema filosófico, sino de un conjunto de pensamientos que provienen del clan de Nabeshima, ubicado al sur de la isla de Kyushu. Como hemos ido comentando, las bases tienden a fusionar el Zen con el pragmático confucianismo. El texto se mantuvo años circunscrito al clan Nabeshima hasta que, con la reforma Meiji, ya en el siglo XIX, se dio a conocer al público en general.

El camino del samurái reside en la muerte. Hay que estar preparados para morir en cualquier instante. Ante una situación crítica, escogemos la muerte. No importa incluso si no hemos alcanzado nuestros objetivos. Como dice el segundo precepto: «El que prepara su corazón como es debido, día y noche, para poder vivir como si su cuerpo ya hubiera muerto, alcanza la liberación en el camino».[2]

Igualmente, no hay que olvidar que el sentido clásico de un samurái se rige por la idea de estar al servicio de un señor. Aquí es donde modernizamos la perspectiva, evolucionando su figura e ideología para ponernos al servicio de nosotros mismos y, desde ahí ayudar a los demás, trascendiendo el servir a un amo de forma esclavista y feudal.

El samurái tiene una estricta rutina en la que se despierta pronto y se acuesta tarde. Su vida pasa por estar atento las veinticuatro horas del

---

2. Yamamoto Tsunetomo, *Hagakure*, Dojo Ediciones, Madrid, 2014. p. 24.

día. En guardia, preparado para lo que venga. La meditación le lleva a ese estado de no mente o mente pura. Es esencial tener la mente pura para librarse de complicaciones. Todo sucede en el instante presente. Vivamos fieles a la dedicación única al momento. Es cuestión de vivir pensamiento a pensamiento.

También, el buen samurái está obligado a conocerse a sí mismo: conocer las propias carencias, limar el orgullo y contemplar el camino con humildad. La cuestión no es tanto vencer a los demás, sino vencerse a uno mismo. Hay que poseer valor para enfrentarse a situaciones difíciles, saltando hacia delante con alegría. Cuanta más agua, más alto va el barco. En el camino de pruebas y obstáculos, es necesario armarse internamente de inteligencia, valor y humanidad. Ante los obstáculos, la actitud adecuada es la de no quedarse atrás. De esta manera, cumpliremos nuestro deber y sabremos reaccionar. Un samurái no se rinde jamás; tampoco deja de avanzar. Templa su mente para obtener la firmeza y determinación a fin de estar siempre atento, dispuesto y en el camino.

Como la vida humana es breve, mejor hacer las cosas que a uno le gustan. No vivamos en sueños ni en enredos desagradables que no aportan nada. La codicia, la ira o la necedad han de ser superadas.

Quien es virtuoso tiene el corazón tranquilo y no se precipita. El que no está en paz vive en conflicto permanente. La solución es envolverlo todo con un corazón compasivo.

Un verdadero samurái no toma decisiones rápidas y franquea el obstáculo hasta que logra su propósito.

El monje Tannen en sus charlas diarias siempre decía: «El monje no puede seguir el camino del budismo si no manifiesta compasión exterior y acumula constantemente valor interior. Y el guerrero que no manifieste valor exterior y tenga compasión interior hasta que no le quepa el corazón en el pecho no puede llegar a ser samurái. Así pues, el monje aspira a tener valor, sirviéndose del guerrero como modelo. Por su parte, el guerrero aspira a tener la compasión del monje».[3]

La vocación del samurái es servir, aunque el señor o la causa sea despiada e irracional. Ese es el verdadero samurái.

No hay que apoyarse en las fuerzas del otro, sino confiar en las propias. Vivamos en el momento presente, suspendiendo los pensamientos del pasado y del futuro. Este es el camino del samurái.

En conjunto, un samurái es leal, se cultiva a sí mismo y lucha por los demás. Vive en el presente y toma decisiones atendiendo a la persona que verdaderamente es. La mejor pelea es la que evita, y es amable con sus enemigos.

Por último, mencionamos el *Bushido: el alma del Japón*, un libro publicado en 1899 por Inazo Nitobe, nacido en el seno de un clan de samuráis cuando estos llegaban a su ocaso. Como el *Hagakure*, estudia la vía o camino del samurái. La palabra «bu-shi-do» significa guerrero-señor-camino.

Originalmente, su autor lo publicó en inglés, a partir de una estancia en Monterrey (California). Después fue traducido al japonés. Se trata de un libro muy popular, leído por presidentes ilustres como Kennedy o Roosevelt. En él quedan recogidas las siete principales virtudes del samurái: rectitud, coraje, benevolencia, educación, sinceridad, honor y lealtad.

Esta última virtud procede de la base sintoísta y su culto o respeto por la memoria de los antepasados. Como en el oráculo de Delfos,

---

3. *Ibid.*, p. 117.

los sintoístas también se acogen a ese precepto de «Conócete a ti mismo». En sus templos, el devoto es acogido por un espejo en la pared que le devuelve su imagen. Cuando el corazón humano se halla en perfecta calma, el reflejo es claro.

Nitobe, como conocedor del mundo occidental, aportó a la sabiduría samurái interesantes conexiones con la caballería medieval y el carácter de la Grecia clásica, refiriéndose a libros como la *Ilíada* de Homero.

En la primera parte del libro, el autor revisita los contenidos del *Hagakure*, haciendo su interpretación, para seguir después con su aportación original.

Así, la rectitud queda definida como el poder para decidir, sin titubeos, una línea de conducta de acuerdo con la razón. El sentido del deber es importante: hacia los padres, la sociedad, la familia, los superiores, los inferiores...

El coraje es hacer lo correcto. Vivir cuando es correcto vivir y saber morir adecuadamente.

En lo que se refiere a la educación, destaca que en Japón casi todo el mundo era un poeta o tenía la capacidad de componer una oda, fuera un guerrero o de cualquier otro estamento.

La benevolencia pasa por un sentido compasivo hacia los demás. La compasión contiene la gentileza dentro del corazón y la persuasión propias de la naturaleza femenina, según Nitobe.

Para ser sincero, lo primero es ser fiel a uno mismo. Si en tu corazón no te apartas de la verdad, los dioses te protegerán. La mentira es deshonrosa y se comprende como síntoma de debilidad.

El deshonor es como una cicatriz en un árbol que, con el tiempo, solo tiende a agrandarse. El paciente dominio de uno mismo evita batallas por honor y aporta la base para una larga vida. El filósofo y político Kumazawa Banzan decía: «Cuando los demás te culpen de algo, no les culpes tú; cuando los demás se muestren enfadados contigo, no les devuelvas ira. La alegría sólo llega cuando la pasión y el deseo desaparecen».[4] Cuando se pierde el honor, es un alivio morir.

La lealtad aporta un rango distintivo dentro de la categoría samurái y, probablemente, dentro de la humanidad. Antaño, el estado iba primero que el individuo. Hoy, este código de lealtad ha evolucionado hacia una visión más personal sin que necesariamente implique un narcisismo egoísta.

Concluyendo, podemos decir que la tríada que sostenía el *Bushido*, o código ético samurái, era *chi*, *jin* y *yu* (sabiduría, benevolencia y coraje). A diferencia de nuestros apetitos contemporáneos basados en la ambición y el culto al ego, el samurái no daba importancia al dinero. Su fundamento era estar al servicio de una causa, un superior, un sentido por el que luchar. Algo que, modernamente, Jim Jarmush expresó muy bien en su película *Ghost Dog, el camino del samurái* (1999) con un inmenso Forest Whitaker como moderno samurái en Nueva York.

Así mismo, el lujo se consideraba como una gran amenaza. Austeridad, firmeza y simplicidad en la vida son otras de las virtudes del camino del samurái que aquí traemos a la memoria cotidiana. El samurái es también una persona dotada de un gran autocontrol. Vive sin quejarse, mostrando cortesía ante cualquier circunstancia, y no perturba el placer o la serenidad de los otros. No expresa jamás su dolor o tristeza, lo cual no sería algo muy saludable según nuestros

---

4. I. Nitobe, *Bushido*, Miraguano Ediciones, Madrid, 2005, p. 127.

parámetros actuales. Sin duda, el samurái engendra una disposición anímica estoica. Esto forma parte del carácter japonés. Dominio de la propia sensibilidad y fortaleza para ajustar, como decía Zenón, la voluntad a la razón que gobierna el universo. Algo así como contentarse con lo que hay, sin pedir más. Saber sin pensamiento, eso que evoca también el *darshan* indio o el estado *mushin* japonés.[5] La vía de la espontaneidad y la intuición que tan arraigada está en el *Bushido*. A ello, se suma la austeridad comprendida como camino a la felicidad, sin expectativas, además de una buena contención en las pasiones y un mínimo espacio para el hedonismo. La calma y la serenidad son las cualidades que deben prevalecer. Para alcanzar el autodominio hay que trabajarse la estabilidad mental con mucha meditación, y eso que Demócrito denominaba *eutimia* (tranquilidad), o bien supremo. Todas las adversidades se han de encarar con paciencia y plena conciencia.

En conjunto, el *Bushido* contribuyó desde sus siglos de oralidad al tiempo en el que fue escrito, como forja de la moralidad y el carácter japonés universal. Educación, temple, austeridad, fortaleza y lealtad son máximas del país nipón. La cortesía universal del pueblo japonés es un legado de sus formas caballerescas y el tiempo de los samuráis.

Paralelamente, las historias de samuráis han llenado la literatura, el cine o el teatro japonés desde hace siglos, y siguen haciéndolo en lenguajes contemporáneos como el manga o los videojuegos. El samurái ha sido el buen ideal de todo el pueblo japonés y una de sus mejores marcas de exportación.

---

5. Estado *mushin* significa estar abierto a la forma en la que el mundo se experimenta de modo sensual, sin la distorsión de los conceptos, como para encontrar la naturaleza original antes de que afloren los pensamientos.

Como un poder inconsciente e irresistible, el *Bushido* ha movilizado a la nación y a los individuos que habitan en ella, como recuerda Nitobe al final de su libro. Estamos completamente de acuerdo y creemos que partes de su aprendizaje pueden complementarnos a nosotros, los modernos humanos globalizados del siglo XXI.

Es el poder eterno de los mitos y de los arquetipos de naturaleza perenne.

Como veremos, el samurái enseña a sostener, a creer en ideales y a sentir que la vida está para aprovecharla al máximo. Al final, la vida es el morir...

ÉTICA

1. Devoción, lealtad y honor

En Japón, la lealtad y el honor son valores incuestionables. La importancia que se les da puede llegar a parecernos excesiva, porque en nuestra sociedad estos códigos son cada vez más laxos. La modernidad ha generado dispersión mental, al tiempo que las supuestas nuevas libertades han puesto una etiqueta negativa sobre los valores tradicionales. De entre ellos, probablemente queda el honor como algo relegado a la caballería y como estigma negativo de las clases altas o la aristocracia. No obstante, al igual que no podemos vivir sin espiritualidad por mucho que hayamos dado la espalda a la religión, tampoco podemos vivir sin honor, lealtad o devoción. Ser íntegro y mantenerse férreo a unos ideales puede ser algo que dé sentido a nuestras vidas. Defender el honor de nuestros seres queridos, la empresa, un grupo de trabajo, la pareja o la familia es una causa muy noble y necesaria. No hace falta ser un quijote errante enloquecido o un violento samurái que va cortando cabezas: tan sólo una persona centrada en pleno siglo XXI. Tener honor no es ser un carca ni un retrógrado y, mucho menos, es una condición propia de un hombre, sino algo más allá de los géneros. Forma parte de la condición humana.

La modernidad y el género fluido han venido acompañados de una extremada falta de compromiso. Nos atamos poco a las causas o las personas y dejamos las relaciones de un día para otro, pasando por encima de lealtades o cualquier tipo de devoción. Vivimos en el culto al individuo, embelesados con nuestra imagen, obstinados por defender nuestra libertad personal a toda costa, lo cual puede estar muy bien, pero perdemos de vista la perspectiva global. El honor y los valores que comentamos tienen mucho que ver con los demás, con la relación entre personas, no sólo con nosotros como individuos. Está bien que nos queramos, nos cuidemos y centremos la devoción sobre nuestra persona, pero no como único camino. Hemos de ser más plurales y generosos. Muchos héroes o antihéroes se han ganado su condición por defender el honor de personas indefensas.

Siempre recuerdo con devoción la trama de la mítica *Sin perdón* (Clint Eastwood, 1992), un wéstern de esos que perfectamente podría ser una película de samuráis. En ella, William Munny es un pistolero retirado que vuelve a las andadas para salvar el honor mancillado de una prostituta. Junto con su amigo Ned Logan y un joven aprendiz viven una breve epopeya para culminar este ajuste de cuentas y recobrar la dignidad de la mujer y todo el grupo de prostitutas del pueblo. En el desenlace, el honor vuelve a presentarse como un argumento que valorar. El chico mata al acosador de un tiro cuando este permanece indefenso en el retrete. Poco honor hay en esta acción. Por el contrario, William Munny irá al salón del pueblo a disparar contra todo lo que se mueve, dado que el cadáver de su amigo Ned ha sido expuesto como un maniquí en la puerta de la taberna.

El honor puede formar parte de la naturaleza esencial de los héroes, como esos siete samuráis (*Los 7 samuráis*, Kurosawa, 1954) que acuden a defender a una aldea del acoso de unos explotadores. Si hace falta, darán su vida en una muestra de devoción por una causa en la que creen y hacia unas personas indefensas. Es el sentido de justicia el que les honra. Todo esto son valores que pueden hacernos reflexionar sobre nuestras propias vidas. ¿Hacemos cosas por los demás? ¿Pensamos y actuamos desde la lealtad? ¿O siempre estamos obsesionados con nosotros mismos?

Para un samurái, como es sabido, la lealtad a un señor o una causa es lo más importante en la vida. El honor es la cualidad moral de una persona que cree y defiende unos ideales. En su tiempo, estos se relacionaban con la caballería y los principios que defiende el camino del samurái. El honor lleva a sentir que uno actúa de manera correcta. Comportarse así es una forma de acumular buen karma o, simplemente, de lograr que nuestra vida se asiente sobre valores seguros y estables.

Cuando uno sigue una moral determinada, tiene una pauta de conducta que rige las acciones y decisiones. No se trata de acogerse a lo primero que encontremos, sino de crear un código propio de valores que defender con todo el honor y lealtad.

Recuerdo una situación en la que mi padre se casaba con una psicóloga y presentadora de televisión bastante popular. Asediada por el miedo a la prensa y los *paparazzi*, decidió que alguien de la familia hiciera las fotos de la boda. Me tocó a mí, y la cuestión era impedir que se vendieran las fotos. Por el honor y respeto que le tenía a mi padre y a ella misma, no lo hice. No me arrepiento, pero días después salieron publicadas otras fotos que, además de cuestionar mi sentido del honor (por si había sido yo quien las había filtrado), sirvieron para comprometer mi lealtad con la pareja que entonces tenía. Salí en la foto con otra chica que supuestamente, según la prensa, era mi hermana. Nada más lejos. Cuando llegué a casa, recibí una llamada de mi posible suegra: la relación se acabó aquella noche. Son las cosas del honor y la lealtad vinculadas a unos tiempos de primera juventud, hedonista y caprichosa.

Sin honor, nos empequeñecemos y acabamos saliendo por la

puerta de atrás. Nos lastra el no querer mirar más allá de nuestro beneficio. El honor puede ser innato, o algo que uno ha cultivado como atributo propio de la persona. Como tal, el honor nos dignifica ante la sociedad y ante nosotros mismos. Si somos vistos como alguien honorable, es porque poseemos un sentido del deber, unos valores claros de los que no nos desviamos, gracias a unas buenas dosis de heroísmo, coraje y resistencia que nos permiten mantenernos firmes en nuestras creencias y convicciones.

Aún recuerdo cuando, apenas cumplidos los treinta años, el abuelo que me había criado agonizaba en el hospital. Me miró a los ojos, le cogí la mano en un principio de despedida, y me dijo: «Espero que estéis a la altura». Se refería a todo lo que él había hecho por sus dos hijos y yo, que era el nieto reconvertido en tercer hijo. Por encima de esto, estaba el hecho de estar a la altura en la labor de proteger a su mujer, mi querida abuela, que quedaba viuda con noventa años y un alzhéimer galopante. Aquellos años fueron para mí un infierno, una batalla de los planetas, entre mi tío y mi madre, peleándose como niños caprichosos que querían quedarse con todo. Riñas familiares, intromisiones de terceras personas, luchas de poder y demás ambiciones con las que me tuve que enfrentar sólo con una idea en la mente: ser fiel a todo aquello que querían mis abuelos. Luché hasta el final para que eso fuera así, estuviera o no de acuerdo con las decisiones. Lo hice por el amor y el profundo sentido de lealtad que sentía por mis ancestros. Aquella devoción me debía convertir a ojos de algunos en alguien honorable. Como menor, no tenía por qué haberme metido en aquel fregado familiar, pero las causas nobles y justas son lo que mis mentores samuráis, los de aquellas películas de Kurosawa, me habían enseñado. Nunca me he sentido mejor conmigo mismo desde que tomé esa decisión y fui capaz de mantenerme hasta el final. Por eso, contemplo que el honor puede ser también una forma de centrarse en uno mismo y eso que entendemos por integridad. Ser íntegro da alguna de las claves de la felicidad porque, cuando uno ha sido malvado o engañado, montándose películas y excusas que no atienden a la realidad, lo acaba sabiendo, aunque sea tan sólo en sus adentros. La lealtad es algo que construimos nosotros mismos. Es bueno que revisemos de vez en cuando su hoja de ruta. Lealtad hacia uno mismo y también hacia los demás, si no, el ego puede devorarnos.

En los momentos de confusión o pérdida de identidad, cuando no sabemos qué camino escoger, es bueno optar por aquello que nos dota de honor e integridad. Cuidar a unos padres ancianos nos ennoblece por mucho que sea una obligación. Hacerlo con cariño y devoción nos honra.

Por último, podemos añadir que el honor es una cualidad que tiene mucho que ver con cómo la sociedad nos contempla. Para los japoneses, que son tan púdicos y recatados, la opinión de los demás importa y mucho. Así que el honor es algo que salvaguardar y mantener a toda costa, como bien y virtud social.

Sin honor no vale la pena vivir, palabra de samurái.

Film: *Los leales 47 ronin* (K. Mizoguchi, 1941)

Esta no es la clásica película de samuráis que uno espera. Mizoguchi es un director templado y sereno; amante de la belleza. Nada que ver con las secuencias trepidantes de acción. Importan los encuadres, la horizontalidad y la arquitectura de las tradicionales casas japonesas;

la indumentaria de los samuráis, su porte y la elegancia de las mujeres que aparecen. Pese a ser una historia de venganza, aquí nada es disonante, tenso o evidente.

La película se inspira en un hecho acontecido a inicios del siglo XVIII cuando el jefe de un clan, lord Asano, es obligado, de forma impune, a hacerse el harakiri. El causante, lord Kira, queda sin condena o sospecha alguna. Ante esta situación, sus leales *ronin* tratarán de salvar su honor cumpliendo venganza. Su acción desafía la ley, pero a los samuráis no les importa cumplir con su deber y someterse a la sentencia que les corresponda. Como dice su cabecilla, Oishi: «No le tenemos miedo a nada ni a nadie». Esta determinación del samurái es propia del Zen, que enseña a tratar la vida y la muerte de forma indiferente.

Esta es una película sobre salvaguardar el honor, cumplir con un acto de lealtad y dar muestras de una incuestionable devoción. Los samuráis llevan a cabo el asesinato de lord Kira por su difunto señor y por el honor de su viuda que, de una forma explícita, muestra su disgusto y tristeza. La mujer clama venganza y tiene un rol importante. Una sirvienta revela el paradero del villano para que los samuráis puedan acabar con él. Mizoguchi es elegante y rehúsa mostrar el momento del crimen, recurriendo a una elipsis. De pronto, la viuda de Asano recibe una carta que revela los acontecimientos. Acto seguido, llegamos a la secuencia más trascendente del film. En mitad de un bosque nevado, los samuráis se presentan ante la tumba de su señor para ofrecerle la cabeza envuelta de su rival. Postrados en el suelo, oran entre lágrimas mientras su líder Oishi habla al difunto por todos: «Hombres jóvenes o viejos odian morir de enfermedad. Prefieren hacerlo por lealtad». Son conscientes de su destino fatal. Después de asesinar a un hombre de forma cruel, sólo queda el autosacrificio del harakiri, pero no les importa. Lo asumen dentro de su condición de samuráis atados al sentido del deber, el honor y la lealtad. Sienten que se debían a su señor en todas las formas de vida conocida. Nada importa con tal de cumplir con el deber. Ahora que se ha hecho justicia, la muerte es una etapa más.

Finalmente, llega la sentencia que condena al colectivo a hacerse el harakiri. Al menos es una muerte más digna que ser colgado en la horca. Nuevamente, Mizoguchi recurre a su elegancia dando a entender el suicidio de cada uno de los samuráis mediante un fuera de campo sonoro. La imagen muestra un jardín zen con una veranda entre sombras. El sonido repite cada uno de los nombres, señalando que ha cumplido el harakiri. Cuando le toca el turno a Oishi, este se levanta para ir a cumplir con su deber último. La cámara se eleva sobre los tejados artesanales y el film concluye. Paz y serenidad para una historia trágica de sacrificio que se contempla como el cine de antaño: lento, sosegado y con largas secuencias dialogadas. Nada que ver con la saturación de acción contemporánea. Escojo para empezar esta película porque creo que enmarca perfectamente al tipo de samurái que aquí quiero recuperar. No es el guerrero empoderado, sino el hombre vulnerable, dotado de coraje, que es capaz de hacer prevalecer sus ideales y código ético por encima de cualquier circunstancia o adversidad.

Memoria de lugar: la tumba de los 47 *ronin* (Ako Roshi, templo de Sengakuji, Tokio)

El templo de Sengakuji está a unas cuatro o cinco paradas del centro de Tokio, en el barrio de Takanawa que pertenece a Minatoku. En mitad de un entorno completamente urbano, se llega a este lugar mítico y reverencial para todos aquellos que conectan con la leyenda samurái y la mayoría de los japoneses. El respeto que la gente siente por esta trágicamente bella historia es todavía hoy algo asombroso. Hay flores en las tumbas, ofrendas diarias de incienso, inscripciones y placas que se dejan a los costados. Han pasado más de tres cientos años y nadie olvida ni la gesta ni la lealtad de los 47 *ronin*.

Salgo de la parada de metro de Sengakuji de la Askusa Line cuando todavía no son ni las ocho. Había oído el rumor de que la *yakuza* japonesa viene al amanecer a hacer ofrendas a este lugar asiduamente, pero hoy no han venido. El ambiente está muy tranquilo. Apenas han abierto los puestos de *souvenirs* y todavía las señoras y custodios que controlan el recinto del templo están barriendo o montando los tenderetes.

Las grandes puertas de madera que te reciben muestran la nobleza del lugar que fue uno de los tres templos más importantes del Soto Zen durante el periodo Edo. Se acabó de construir en el año 1612 y hoy sigue en activo. Cuando llego a la segunda puerta, avisto el salón principal, pero decido irme hacia la izquierda donde está el recinto funerario de los *ronin*. Dejo un par de pequeños museos a mi lado y cruzo otra gran puerta para acceder a un espacio con dos árboles y una estructura de planta cuadrada que concentra una serie de lápidas de igual tamaño en agrupaciones de filas de diez aproximadamente.

Sólo dos tumbas destacan por tener una cubierta y una mayor dimensión en cuanto a placa. La del cabecilla de los *ronin*, Oishi Kuramosuke Yoshitaka, y la de su mujer. La tumba de su señor Asano Nagamori y esposa quedan fuera del recinto de los cuarenta y siete *ronin*, pero muy próximas, en un costado. Las suyas son tumbas de gran tamaño. Unos budas en piedra protegen a los difuntos.

Tumbas de los 47 *ronin*, junto al templo de Sengakuji (Tokio).

Más que la visión, lo primero que percibo es la energía. Se respira un silencio reverencial y algo palpita en la tierra mostrando la memoria de tantísimas personas que han venido a este lugar para rendir pleitesía y devoción ante este acto de sacrificio y lealtad colectiva.

En la tumba de la mujer de Oishi hay una placa que pone «love». En la del líder samurái, una tablilla de madera colgada con flores donde se lee: «happy health life». No puedo evitar emocionarme. Estoy muy blando. Pensar y sentir la muerte de estos héroes conmueve. Soy consciente de que no es bueno licitar la venganza, pero esto no es como una de esas películas americanas post-11-S. Aquí hay un código más profundo y caballeresco. Me siento en el escenario de un film que fue real. Imagino a los *ronin* en el momento en que, ante la tumba que contemplo, ofrecieron la cabeza del desleal Kira, conscientes de lo que aquello suponía. El 4 de febrero de 1703, los 47 *ronin* se hicieron el harakiri por orden del shogunato y, desde entonces, aquí yacen enterrados. Una placa lo explica todo. Dos mujeres barren las tumbas sin dejar la más mínima mota de polvo o suciedad. Una pareja ha venido a poner incienso ante cada una de las tumbas. Me paseo contándolas, pensando en cada uno de los individuos como seres humanos, no como personajes de una ficción. La paz reina mágicamente en mitad de la ciudad, en este oasis de respeto y amor donde la realidad es leyenda y la valentía, inmortal. Me siento a escribir en mi diario parte de las notas que componen este texto. Algo me vincula a este lugar del que me cuesta irme. Escucho los ruidos de la ciudad como algo ajeno y distante. La rutina ajetreada de la capital de Japón convive con la memoria de un tiempo que aquí no parece tan lejano. Es como si el tiempo se expandiera y concentrara al mismo tiempo. Los mundos se encuentran en el espacio tiempo. Divago y pienso en la posibilidad de puertas o umbrales que conectan épocas bien distintas. ¿Por qué la gente sigue viniendo tanto por aquí?, ¿qué nos tiene tan conectados con estos trágicos héroes?, ¿llegarán a ser olvidados algún día?

Estoy seguro de que no. Más bien parece que viven en nosotros para mostrarnos que, cuando las cosas se ponen mal, hay que ser capaces de llegar hasta las últimas consecuencias. Cuando uno cree en unos valores, los ha de defender con su vida. Si se trata de poner límites, hay que ser valientes. Siempre un paso adelante, no conformarse y dejarse aniquilar moralmente en vida. Tal vez, por eso los 47 *ronin* son tan importantes.

Cuando salgo, leo que el gran portalón que da acceso al cementerio es el original de la residencia de lord Asano. Fue traslado durante la reforma Meiji.

El templo o salón central de Sengakuji es precioso. Madera antigua en una estructura de cuadrilátero y un eje central cúbico para el altar. Pillo a los monjes barriendo. Saco un par de fotos y me llaman la atención. «No photo, please». Paso por una taquilla y compro una postal. El monje sonríe cuando le cuento que estoy escribiendo un libro y conozco a la perfección a los *ronin*. Le hablo de Kurosawa y abre los ojos como platos. Lo acompaña con una gran exclamación. No sé si sabe de lo que le hablo...

Ando meditativamente y pienso en la forja del mito, su poder y cómo este alcanza el presente para vivir infinitamente. Es bello y emocionante. Estos hombres murieron de una forma fría y cruel, pero no fue en balde. El tiempo está de su lado. Han entrado en la eternidad.

Su modelo es inspirador y necesario para un presente que, en muchas ocasiones, resulta frívolo y superficial.

Al día siguiente, cuando estoy visitando a Wakana e Hiroya, dos entrañables y hospitalarios amigos míos japoneses, seguimos en la tele del coche el juicio contra Ennosuke Ichikawa, un famoso actor de *kabuki*. El caso me hace pensar en Yukio Mishima y la dignidad en el morir. Los padres de Ichikawa aparecieron muertos en su casa hace unos meses, junto a su hijo, que fracasó en su intento de suicidio. El caso es si, al saber que su hijo pensaba quitarse la vida, los ancestros fueron asesinados por este, o simplemente quisieron suicidarse, porque no sólo había salido a la luz pública su homosexualidad, sino todo tipo de escándalos sexuales y financieros. Los dos murieron por sobredosis de barbitúricos, el mismo método que utilizó el hijo fallidamente. Wakana y yo comentamos que tenía toda la pinta de un crimen por parte de Ichikawa. No ocultaré que siempre he sido fan de Agatha Christie y Sherlock Holmes y, ahora, de la estupenda serie documental *Crímenes* de Carles Porta. Más allá de si el amargado actor los mató o no, Wakana me confiesa que está convencida de que lo absolverán porque conviene licitar el derecho al suicidio. Es probable que sea así. El derecho a vivir o no puede ser un acto de libertad personal, pero viniendo de los 47 *ronin* y teniendo en cuenta la memoria de Mishima, el tema es que si Ennosuke Ichikawa hubiese sido una persona íntegra, debería haber tenido el valor de quitarse la vida por *seppuku*, como manda la tradición japonesa. Soy consciente de que me estoy poniendo muy samurái, pero es que de esto va este libro. Los valores éticos han de servir para ennoblecernos y darnos unas pautas vitales que seguir. Por si algún lector no lo recuerda, Yukio Mishima, uno de los mejores escritores de su generación, se suicidó abriéndose las tripas como acto de protesta contra la sociedad japonesa en la que vivía. Tradicionalista conservador y de derechas, creyó que su nación iba al desastre, que estaba perdiendo todos sus valores tradicionales, y no quiso seguir viviendo. Uno puede no estar de acuerdo con su ideología política, pero el modo de ejecutarse le ennoblece. Hay que ser muy valiente para hacerlo. Tanto como esos admirables 47 *ronin* que siguen vivos en nuestra memoria no sólo como mitos fílmicos, sino dentro de esta frívola modernidad.

> En la mente de todo hombre está el amor al honor;
> pero pocos imaginan que lo verdaderamente honorable
> reside en nosotros mismos
> y en ninguna otra parte.
> El honor que confieren los hombres no es un buen honor.
>
> MENCIO

2. Vivir sin miedo a la muerte

«El camino del samurái reside en la muerte»: así empieza el *Hagakure* o camino del samurái. Esta despiada aceptación de la muerte es la que abre la vía de la serenidad en la vida. Temer a la muerte nos paraliza. La angustia vital es fruto de ese miedo a la muerte tan propio de la mayoría de los seres humanos.

Durante mucho tiempo convertimos la muerte en un tabú. Algo de lo que no se habla ni se contempla. Pero los tiempos han ido cambiando, poco a poco, en las sociedades avanzadas. El siglo xx aportó muestras culturales como *El séptimo sello* (1957) de Bergman en la que nos podíamos sentar a jugar una partida de ajedrez ante la muerte y tratar de vencerla. Era una imagen icónica que trataba de poner en orden las pulsiones agitadas después de dos grandes guerras devastadoras. El hombre se ha convertido en una máquina de matar y, en cambio, teme a la muerte. El miedo es fruto de ese pánico existencial de no saber qué vendrá después. La finitud nos aterra. Pensar que nos acabamos angustia. Ante esto, hay esa otra opción que es vernos no como individuos encerrados en nosotros mismos, con un principio y un fin, sino como parte de un todo al que regresaremos al morir, en mitad de una eternidad, abrazados a un tiempo inagotable que nos acoge. Esta sería la mística oriental de la muerte, la que lleva al maestro Kurosawa a rodar un entierro como una celebración, en uno de los episodios centrales de su póstuma *Sueños* (1990). Un colorido cortejo transita el bosque en un día radiante. Una vez salen de cámara, esta se detiene ante las aguas de un río donde hay un molino. La gran rueda simboliza la eternidad y ese tiempo cíclico en el que principio y final se encuentran. El nacimiento y la muerte contemplados como una misma cosa. Si integramos esta idea, tal vez podamos liberarnos de ese sufrimiento acuciante de que algún día moriremos. A medida que envejecemos, esa idea va calando más hondo porque la vemos más cerca. Sin embargo, la complacida madurez puede hacernos entender que una vida bien vivida bien vale una muerte. Lo peor es irse sin haber disfrutado de cada uno de nuestros días, presos del sufrimiento que provoca el apego. Si nos liberamos y dejamos de sentirnos tan importantes, aceptando lo que venga, se instala en nosotros una sensación de paz muy placentera.

El samurái aprendió a vivir así, sin miedo a la muerte, desde su aprendizaje del budismo Zen. Esa era la fortaleza de los monjes zen que los samuráis quisieron incorporar a su forma de vida. El Zen, como plantea D.T. Suzuki en su fundamental *El zen y la cultura japonesa*, otorgó moralidad y filosofía al samurái. Se trata de vivir hacia delante cuando se ha tomado una decisión, nunca hacia atrás. Su filosofía trata igual a la muerte que a la vida; son una misma cosa. Mentalmente, la intuición es superior a la inteligencia y representa la forma más directa de alcanzar la verdad. El Zen nos libera de la esclavitud del ciclo nacimiento/muerte. Eso sí, cuando las cosas llegan a un punto muerto, resulta implacable, directo y revolucionario. Si algo está muerto, cambia, avanza y crece. Así mismo, el Zen tiene algo de virilidad masculina porque no duda, no se acobarda ni teme nada. Este aspecto, que los samuráis integraron, es algo que puede contribuir hoy en día a forjar la maltrecha identidad del hombre. Este tema puede ocupar parte de las conclusiones de este libro.

Regresando al concepto de la muerte en los samuráis, es preciso entrar en la práctica del harakiri o muerte por suicidio. Este ritual, que normalmente se llevaba a cabo para paliar un acto de deshonor, implicaba abrirse el vientre, vaciándose las entrañas con un cuchillo. Si quien se autoinmolaba cumplía con dignidad este acto, tenía derecho a ser decapitado y alcanzar el descanso más sagrado; de lo contrario, moría como un indeseable. El *Bushido* dedica todo un capítulo a este ejercicio de suicido ritual por destripamiento. En vez de verlo como algo vil y patético, se convierte en símbolo de una nueva vida. La consigna es clara: cuando se ha perdido el honor, es un alivio morir; la muerte se convierte así en un refugio seguro contra la infamia. El *hara* es contemplado como centro energético del ser humano y los japoneses, como los helenos, siempre han pensado que el espíritu habita en esta parte del cuerpo.

El *seppuku*, o harakiri, es un legado de la Edad Media que puede cuestionarse desde la modernización. Durante la Segunda Guerra Mundial, esta práctica sirvió para alentar a los kamikazes japoneses en su sacrificada causa. La cuestión es que muchos, como el propio Kobayasi, director de cine que participó en la contienda, pueden ver en esto una completa absurdidad o sentido innecesario. Desde una visión pacifista, la guerra suicida es absurda. Este es el mensaje que ronda en *Harakiri*, la excelente película que dirigió en 1962.

Mi vida ha tenido una extraña relación con el suicidio: siendo joven viví dos muertes por suicidio muy de cerca. La primera, un compañero de instituto que, debido a las drogas, acabó en un centro de terapia del que tardó años en salir y, finalmente, creo que como acto de liberación, se quitó la vida. Creo que de este modo puede ser muy correcto, porque uno es libre de poner fin a una vida de sufrimiento. Muchas religiones lo condenan porque sólo Dios tiene el derecho de dar o quitar la vida. No es fácil determinar el sentido de un suicidio porque esto es algo íntimo y muy personal. En lo que a mí se refiere, cuando el ex de mi pareja se quitó la vida porque ella no quiso regresar con él, sentí una profunda tristeza y una extraña conexión. Todo sucedió un día en el que estaba rodando un anuncio en un hospital y el joven entró cadáver al mismo tiempo que yo acababa mi jornada. Mientras volvía a Barcelona, sentí algo extraño en el coche. Al aparcar vi que llevaba un largo clavo en la rueda. Por fortuna, hizo tapón y llegué sin pinchar a 140 km por hora por la autopista. Pensé en que podía haber sido yo. En el azar, un día estás y otro te has ido. La sincronicidad, la fatalidad, el sentido de la vida. Desde entonces, aprovecho esa oportunidad, siento compasión por el joven herido de amor que se quitó la vida. Probablemente, víctima de una neurosis anterior que le impidió ver la oportunidad de vivir. En un caso como el suyo, sí pensé en lo absurdo e injusto del suicidio.

Más tarde, la vida me volvió a confrontar con el suicidio. Primero, al adquirir un bonito pajar en el Pirineo, pude saber que el último habitante se ahorcó. Llevaba una vida infeliz de soledad en un pueblo casi abandonado, bajo el yugo de un padre controlador y de estricta mentalidad arcaica. Temí habitar un espacio maldito y llamé a mi amiga y gran vidente Paloma Navarrete. Entonces, me dijo: «Mira, Alex, eso del suicidio depende mucho de la persona y su estado. Si uno se quiere ir y se va en paz, no enturbia nada. Puedes estar tranquilo. Sólo cuando alguien comete ese acto y se da cuenta de que no quería, es cuando el alma puede quedar encadenada al espacio, enturbiando la paz». Como ni mi hija ni mi perro notaban nada, el espacio estaba limpio. Paloma, que había trabajado en el grupo EPTA tratando con espíritus y demás, fue una de las grandes magas de nuestro país a la que muchos echamos de menos. Entre otras cosas, ella me enseñó a comprender que el umbral entre la vida y la muerte es una delgada línea, no un desierto entre el averno y los cielos. Los ancestros que se fueron pueden no haberse ido del todo. Tal vez, algunos permanecen con nosotros más allá de la memoria. Así lo cree también el sintoísmo japonés, del que los samuráis también bebieron, aunque de una forma no tan evidente como del budismo Zen.

El segundo suicidio que viví fue el de un alumno de cine, no de mi entorno universitario, sino de un curso para adultos que imparto para un centro cívico vinculado al ayuntamiento de mi ciudad. De pronto, el hombre más amable, elegante y formal del mundo se quitó la vida sin mediar palabra, ni dar pista alguna de su infelicidad. La procesión iba por dentro y podía tener que ver con una inclinación sexual que no dejó aflorar por el motivo que fuera. La verdad es que fue un suicidio que no pude comprender y que nadie esperaba. En cualquier caso, vino a constatar esta fina línea que une la muerte con la vida.

El problema que la glorificación del harakiri pudo generar, al igual que el suicidio en nuestros días, es tener la tentación de practicarlo de forma injustificada. Yo mismo sentí en una ocasión, cuando se rompió una relación por la que había apostado mucho, el ímpetu de dar gas al coche y volar por un acantilado de Menorca, al estilo del antihéroe de la película *Quadrophenia* (F. Roddam, 1979). Por suerte, fue algo puntual e inmediato. La relación acabó mal, de forma fría y cerebral, pero por fortuna ambos hemos podido recolocar las cosas y tener una mirada amorosa y compasiva hacia esos años compartidos. Hay que agradecer a la vida las oportunidades que nos ofrece y alegrarnos por el día que nos da, porque quién sabe si va a ser el último. Si la muerte aparece, mejor poder mirarla a los ojos, despedirse y entregarse a lo que vendrá, sin saber lo que es. Recuerdo la mirada de mi padre, en su último atardecer, sobre el juego lumínico de la luz dorada filtrándose entre las hojas de los árboles, o la presión cariñosa de la mano de mi madre sobre la mía cuando vivió su último hálito. Son experiencias que me han enseñado a integrar la muerte como algo cotidiano. Desde entonces, soy de los que entro en la capilla de vela y, si tengo una estrecha relación, miro al difunto y trato de hablar con él. Vivir en y con la muerte es un gran aprendizaje. Esta es otra de las enseñanzas que nos transmite el camino del samurái.

Yukio Mishima, uno de los más grandes escritores japoneses del siglo XX, como menciono al final del capítulo anterior, se quitó la vida haciéndose el harakiri en 1970. Sentía que la occidentalización estaba dejando a Japón sin su *kokutai* o sentido de identidad nacional. Después de formar la Sociedad del Escudo (*Tatenokai*) como forma de milicia privada para tratar de recuperar el poder del emperador y las viejas tradiciones, en noviembre de 1970 se infiltraron en una base militar de Tokio, tratando de revocar la constitución de 1947. Al fracasar, por honor, en su más amplio sentido ritual, se practicaron el harakiri. Esto sirvió de advertencia para el mundo occidental, que quedó bastante impactado por la muerte de este prestigioso intelectual. En su versión del *Hagakure* (1967), decía que pensar o reflexionar sobre la muerte cada día es poner la atención en la vida. Si vives un día como si fuera el último, es imposible que no pongas la atención máxima en todo lo que haces. Entonces, la vida se vuelve algo radiante y plena de sentido. La sociedad democrática piensa en vivir lo máximo posible. Los samuráis creían que la muerte es su máxima motivación, aquello que da sentido a la vida. El ciclo de la vida humana dura un instante, por eso uno debe aprovechar para hacer lo que le gusta y le motiva. Esta es una forma de filosofía samurái más moderna, en la que el caballero no depende tanto del mandato de un señor, sino de su propio camino y determinación. La muerte nos lleva a comprender que no hay más verdad que la que sucede momento a momento, en el presente.

Film: *Harakiri* (M. Kobayashi, 1962)

Esta es una película crítica con la hipocresía del sistema feudal y el código samurái.

La incluyo como ejercicio de contrapunto. No todo es apología de las férreas creencias tradicionales del camino del samurái. No obstante, reinterpretaciones como esta hacen que el arquetipo de este guerrero japonés y su filosofía evolucionen hasta los tiempos contemporáneos. Si Mishima era un tradicionalista, Kobayashi es un moderno rupturista impregnado de un determinado sentido crítico.

El argumento gira en torno a un viejo samurái que acude a la casa del clan Iyi para disponer de un noble lugar en el que hacerse el harikiri. Es una historia dentro de una historia, como un rompecabezas que va a juntar la narración de un samurái con la de otro desdichado que acudió tiempo antes a pedir lo mismo. Como espectadores, presenciamos ambas historias de forma fragmentada, mientras las dos interactúan entre sí. El anciano samurái fue el suegro del joven que vino a hacerse el harikiri y tuvo que ejecutarse con espadas de bambú por la crueldad de una clase dominante sin escrúpulos. El film es una reivindicación del pueblo y la clase media samurái ante el despótico poder aristocrático.

La crítica al suicidio ritual, además de su rupturista estilo, le confiere un halo de modernidad que nos hace subscribirnos. En el arquetipo samurái del siglo XXI, prácticas como el suicidio ritual parecen desfasadas, tal y como apuntaba Kobayashi en su película; un film que no envejece por mucho que sea lento y parsimonioso. La atmósfera hipnótica resulta fascinante a lo largo de todo el metraje y alguna de las secuencias, como la del duelo final ante un cielo crepuscular, son antológicas por la calidad de sus encuadres. Kobayashi compone como pocos, tirando de angulaciones y recursos expresionistas que también alcanzan a los recursos de sonido interno. Composiciones modernamente anguladas y en movimiento, con un tratamiento sonoro avanzado a su tiempo, por el desajuste en la sincronía de las sonoridades u otros elementos expresivos.

En cuanto al contenido, los diálogos llegan a plantear explícitamente que el código samurái no es más que una fachada.

Curiosamente, los tiempos de paz son decadencia para el samurái que empobrece en condición y calidad de vida. Por eso, algunos se plantean una muerte digna por harakiri, sin tener que vivir en la deshonra y el sufrimiento. La muerte puede ser una liberación si uno es valiente. El samurái, como los vikingos y otras culturas primitivas, ansía una muerte digna que acabe con decapitación. Morir dignamente abre las puertas del hades o el valhalla.

El gran samurái, como el de esta película, muere en combate contra toda la guardia del clan. Una vez se ve herido y en mitad de la derrota, se suicida por destripamiento.

Las numerosas víctimas que deja del lado contrario son silenciadas por un miserable y corrupto señor.

Aquí, la sobriedad y la elegancia de la forma cinematográfica contrastan con la bajeza de las clases altas.

La película obtuvo el premio del jurado del festival de Cannes en 1963 y se la considera una de las mejores películas de samuráis de todos los tiempos.

Después de ver *Harakiri*, pocos podemos contemplar el suicidio ritual como uno de los legados del samurái. Por el contrario, vivir sin miedo a la muerte es esencial.

Memoria de lugar: cementerio Okunoin, monte Koyasan

El Koyasan es un espacio sagrado, cuna del budismo Shingon que Kukai importó de China, concretamente de Xian, la antigua capital del reino Tang. Allí aprendió del monje Hui-ho esta disciplina que, a diferencia de otras formas de budismo, cree fervientemente en la idea de que la iluminación es posible en esta vida. Kukai, que una vez muerto pasó a ser Kobo Daishi, fue una figura que coincide en trayectoria con Dogen, el creador del budismo Zen en Japón. Ambos viajaron a China para aprender enseñanzas que luego transmitieron en su país de origen.

Kukai buscaba un espacio en la naturaleza donde crear una orden monástica para difundir esta nueva religión basada en el no dualismo y unas creencias bastante esotéricas. En ella se adora al buda cósmico, Dainichi Nyorai, que alcanza la unión de los dos reinos opuestos, conocidos como el del diamante y el del útero primigenio. Su enorme figura en oro ocupa la gran estupa, o Daito, en el complejo monástico de Garan, el más antiguo del valle principal de Koyasan, un espacio comprendido entre ocho montes que dibujan una flor de loto. Este lugar mágico y esotérico se puebla de visitantes durante el día y alberga el misterio al caer la noche, como si los más de doscientos mil espíritus del cementerio de Okunoin salieran a pasear.

Yacen en el este, en la parte baja del valle. Sus tumbas tienen, en su mayoría, la particularidad de ser *gorintos*, una estructura vertical que puede llegar a medir hasta tres metros, que reconstruye una figura humana con los cinco elementos. La base es un cubo que representa la tierra. Le sigue una esfera, el agua. Un triángulo, el fuego. Un círculo plano, el aire. Una semiesfera invertida o joya, el éter o espacio. Están enterradas personas de toda índole, aunque se le conoce como el cementerio samurái porque procede de la Alta Edad Media. Grandes samuráis y otros más comunes están enterrados aquí. El cementerio ocupa más de dos kilómetros y medio. Arranca en el puente de Ichi-no-hashi y finaliza en el mausoleo de Kukai, detrás del espectacular salón de las mil linternas, bajo una profunda y ceremonial oscuridad. Pocos lugares en el mundo poseen la carga energética de este lugar que nos vincula con lo ancestral como si estuviéramos en un reino más allá de la realidad donde los espíritus danzan en la noche bajo la esbelta figura de los cedros centenarios. Es difícil pisar el Koyasan y no emocionarse. Imposible haber venido y olvidar su recuerdo. Algo muy especial vibra en este lugar. Lo noto en cuanto llego: tan sólo al bajar del funicular que se coge en Gokurakubashi, una pequeña estación de montaña a la que se llega en poco menos de dos horas desde Osaka. Me alojo en la parte alta del valle de Koya, cerca de la puerta Daimón. Por desgracia, los templos estaban llenos y duermo en una agradable *guest house*, la Hachi Hachi. Todo el mundo la conoce; queda muy cerca del Danjo Garan. Visito este espacio antes de bajar al cementerio recorriendo todo el valle. La restauración de la gran estupa me parece algo estridente por su intenso color rojo anaranjado, aunque su altura y estructura impresionan. El interior alberga la estatua del buda cósmico. En cambio, la estupa del oeste mantiene una bella fachada añeja en madera auténtica, al menos de los cien años que han transcurrido desde su última restauración. Una bella estructura circular, como una gran cúpula central, se ubica entre dos cubiertas apuntadas. Arquitectura que demuestra refinamiento y avance en un tiempo pasado.

Cuando llego al cementerio de Okunoin, tras un paseo de cuarenta y cinco minutos, el silencio me alcanza el alma. El misterio del bosque resulta sobrecogedor. No hay nadie, es la hora de comer. *Tojis* marcando la entrada a fastuosos mausoleos mezclándose con tumbas más sencillas. La verticalidad de los *gorintos* recuerda la silueta de cualquier persona. Siento como si un ejército de samuráis me estuviera contemplando. Entre otros, aquí están enterrados el mítico Takeda Shingen, de *Kagemusha* (A. Kurosawa, 1980), y su hijo, Tada Mitsunaka, fundador del clan Minamoto. Su inscripción de 997 es la más antigua de Koyasan.

Tumba de Takeda Shingen en el cementerio de Okunoin.

También yace en este cementerio Munemasa, la sexta generación del *shogun* Tokugawa, o el famoso Oda Nobunaga, daimio del periodo Sengoku que luchó contra su propia familia y mató a un hermano. Su fama procede de salir victorioso de la batalla de Okehazama en la que se enfrentó al ejército comandado por Imagawa Yoshimoto en una lucha desigual. Sólo tres mil soldados pudieron vencer a un ejército de cuarenta mil samuráis. La historia se hace presente en este lugar mientras sigo avanzando por el camino perfectamente asfaltado en granito y *toros*, o lámparas de piedra a los costados. Me paro cada veinte metros para explorar un poco más allá de lo que veo en los márgenes. El bosque de piedras es alucinante. El musgo lo envuelve todo. Las tumbas se extienden por todo el territorio, montaña arriba. Además de *gorintos*, hay alguna lápida. Al parecer, aquí la costumbre es enterrar o cobijar las cenizas, no enterrar los cuerpos. La vegetación es frondosa gracias a los arroyos que cruzan el área del cementerio. El segundo puente es el Naka-ko-hashi, o puente del medio. Me cruzo con algunos turistas occidentales y grupos de chinos. La energía del cementerio sigue siendo silenciosa y armoniosa. No hay tensión, sólo reposo para el que quiere escuchar. Los árboles parecen extender y proyectar el aura de las personas que acunan mientras nos observan. Algunos budas contemplan igualmente con curiosidad, coronando algunos sepulcros. Kukai aparece divertido en el sendero, como una estatua de piedra diminuta, cubierto por un gorrito de lana rojo. La piedra y la madera reinan en este paraíso natural que transmite aplomo, sobriedad y estatismo. La conexión con los ancestros emerge con cada paso. El corazón late emocionado. Me acuerdo de los míos cuando cruzo el último puente, cercano al salón de las ofrendas llamado Gokusho. A partir de aquí entramos en espacio sagrado. Prohibido comer, cámaras o móviles. El puente es llamado puente de la ignorancia. Tras este umbral, alcanzamos la iluminación con un corazón puro. Así es como debe llegarse a la tumba de Kukai. Siento un nudo en el cuello. Entro en el salón de las mil lámparas que fue construido en el 1203 y reconstruido en numerosas ocasiones. El interior es noble, austero y elegante. Alfombras rojas y un mar de linternas colgando del techo. Atmósfera cálida, de color azafrán, el mismo color de las túnicas de los monjes más importantes. Sigo el rito de escribir mi nombre sobre un palito de madera que será quemado, junto con muchos otros, en el oficio de mañana. Volveré a las seis de la mañana para los mantras y la ceremonia del despertar del nuevo día. Regreso a mi habitación japonesa con el cuerpo cansado, el alma en paz y la mente pensante. ¿Tal vez vine aquí porque busco serenidad, ser más sereno, pausado y callado? Así han sido mis horas desde que llegué al Koyasan. Me sé la teoría, pero fracaso en la práctica una y otra vez. Decido salir a meditar de noche en el recinto del Danjo Daran. Al llegar a la estupa del oeste, miro por el ventanuco que dejan abierto en la puerta. Veo un buda de oro flanqueado por otras dos figuras que encarnan las polaridades. Encontrar el equilibrio de la no dualidad es el aprendizaje final de un día muy especial.

Me levanto de noche y bajo como un espectro siguiendo la senda que en ocasiones pasa por templos, pero que mayormente sigue el trazado de la carretera por el pueblo. En el cielo, una diminuta luna creciente. Venimos de una luna nueva otoñal acompañada de un eclipse. Son tiempos revueltos y de sanación. Alcanzo el sendero del cementerio con los *toros* todavía encendidos. Llego al puente sagrado de la ignorancia a tiempo. Tres monjes aparecen portando un altar de madera plano con las ofrendas del amanecer para su maestro fundador. Enfilan el sendero flanqueado por los cedros. Al fondo, el salón de las mil lámparas los espera. Cuatro turistas curiosos los seguimos, respetando su silencio. Nadie hace fotos más allá del puente. Silencio y respeto por la muerte que es el vivir. La lúgubre calidez del salón nos recibe. Nos permiten sentarnos en el suelo, en el espacio de oración, detrás de los monjes. En el sombrío altar se intuyen tankas con la imagen de Kukai. Los monjes recitan monótonamente el mantra del *Sutra del corazón*. Dos novicios alientan al anciano que los dirige. Ellos llevan la voz cantante. Algunos devotos locales recitan en silencio a mi lado. Manos en postura de plegaria. La ceremonia dura una hora con leves cambios de tono y el son de una campanilla que puntúa ocasionalmente. Al acabar, los monjes van hacia la parte trasera, en el exterior, para pasar por el mausoleo de Kukai. No se visita, se contempla desde la distancia, rodeado de preciosos árboles. Me quedo prendado de la energía del lugar. Enciendo una vela por los míos que se fueron y los que todavía están. Me quedan pocos, apenas mi hija y mi reciente pareja. La energía es muy poderosa. Algo ocurre en mi interior. El nudo que arrastro parece desatarse; me brotan las lágrimas. Todavía cargo con el duelo de mis abuelos, padres, padrastro, tío… Ha pasado una década desde los primeros y tres o cuatro años de los siguientes. El dolor de la pérdida tarda en sanar.

Mi retorno es pacífico, sereno y, una vez más, silencioso. Me meto en mí mientras camino por un sendero que ahora conozco bien. El arroyo suena a lo lejos. Algunos pájaros carpinteros repican sobre las cortezas. La naturaleza no deja de expresarse en este reino de espíritus. Al pasar por el templo central de Kongobuji (siglos XV-XVI), me acerco a contemplar sus bellos jardines de piedra. Este lugar posee el *karesansui* más grande de Japón. El jardín seco llamado Banryutei cuenta con más de dos mil tres cientos metros cuadrados. Los paneles interiores pintados con motivos entorno a la naturaleza son preciosos. En el *willow room*, Toyotomi Hidegoshi, daimio que unificó Japón y encabezó las invasiones a Corea, se suicidó. Su alma debe vagar por la fría nieve del panel pintado en este espacio. Como dice Mishima, el suicidio no tiene por qué ser una derrota. Acabo el día ascendiendo la cuesta hasta la puerta de Daimón, el antiguo acceso al Koyasan. La puesta de sol parece única e irrepetible. El ocaso del día, como la propia muerte, puede ser lo más bello del mundo. Creo que este es el aprendizaje que me llevo del Koyasan. Ojalá aprendamos a morir con serenidad y la más pura belleza. Cuando el momento llegue, en ese último instante, traeré al eterno presente la imagen de Okunoin y sus cedros centenarios.

> El harakiri es una forma positiva de suicidio,
> no un signo de derrota como es visto en Occidente.
> Constituye la última expresión de libertad individual,
> con el objetivo de proteger el honor propio.
>
> Yukio Mishima, *Hagakure*

3. Fortaleza y resiliencia

Saber sostener es una de las necesidades más importantes en nuestro tiempo. La sociedad de consumo ha evolucionado hacia una era del vacío materialista en la que el estilo del mundo se basa en la compra de experiencias de forma fugaz. Lo queremos todo ya y nos cansamos al instante de la nueva mercancía, las aficiones, la relación de pareja, o cualquier situación que se nos presente. Como plantea Vicente Verdú en *El estilo del mundo* (2017), el capitalismo de consumo era aburrido, el de ficción es tramposo y trilero. El ser humano diverge en la mente dispersa, sin ser capaz de sostener o poner la atención en algo de forma constante. Nos cuesta mucho enfocarnos y, si lo hacemos, no poseemos la resistencia para mantener la experiencia. En el caso de que la situación exija esfuerzo, tendemos a desconectarnos y buscar excusas para acogernos a cualquier experiencia más placentera. Creímos que podíamos comprarlo todo y vivir el *american dream*, pero el arranque del siglo XXI nos dio una bofetada con la pandemia. A partir de ella, se instaló la era del miedo, la parálisis y la contención. La sociedad se apoltronó y llegó a acobardarse de tal manera que decidió aceptarlo todo, sin cuestionar nada. Como mucho, llegó a polarizarse entre conspiranoicos terraplanistas y obedientes, en un claro ejemplo de los extremos que nos gobiernan. Ya no existe la gama de grises, ni el pensamiento que relaciona, analiza y valora. Sólo radicalismos entre bandos. Del lado de quienes siguieron las pautas marcadas por el sistema, desde una élite del poder cada día más invisible, se aprendió a sostener y a ser resiliente. Así que no hay mal que por bien no venga. Del otro bando, además de la duda y la queja, se echó en falta el espíritu de lucha y la rebelión.

Ambas posturas apuntan a un conformismo imperante, o a esa desconexión con el poder personal que nos atenaza. La filosofía samurái nos enseña, tanto a hombres como a mujeres, a empoderarnos. Hemos de saber conectar con nuestra fortaleza interna y no dejarnos lavar el cerebro en la complacencia de las múltiples experiencias o los cantos de sirena del metaverso. Para enforcarnos y fortalecernos, precisamos parar y resistir la tentación de los múltiples estímulos. El samurái sabe sostenerse desde la fortaleza como el guerrero que no lucha. Así mismo, la resiliencia es necesaria para no hundirnos ante cualquier contratiempo que la vida nos depare. Desgraciadamente, cada vez son más los casos de cáncer o las víctimas, conscientes e inconscientes, de neurosis y todo tipo de enfermedades mentales. También las personas adictas a los fármacos para paliar situaciones que olvidaron como afrontarlas. Buscamos la vía fácil, la pastilla que me cure el insomnio o que me baje la ansiedad, pero descartamos trabajarnos internamente porque hace pupa. Desde el espíritu samurái se lucha, en el buen sentido, para trabajarse y sanarse, transitando duelos o traumas enquistados durante toda una vida. Como le dice Yoda a Luke en la entrada de la caverna más profunda, «sólo llevarás lo que cargas contigo», esos son los verdaderos demonios o dragones que vencer. Resiste, lucha, sé resiliente y regenérate.

La resiliencia es un término moderno, ya perfectamente integrado en la cultura popular, que remite a la capacidad de reponerse a los obstáculos; enfrentarse a la adversidad con resultados positivos. Para alcanzarla se precisa fortaleza y coraje. No tener miedo a la muerte ayuda mucho, pero ser valiente no implica dejar de ser vulnerable, al contrario. Debemos saber mirar hacia el dolor, a la parte de nosotros que no nos gusta, para empoderarnos de verdad, sino estaremos en un ejercicio evasivo de falso coraje. Es fuerte quien conecta con su vulnerabilidad, al igual que la calma es la mayor manifestación de poder, por encima de la actividad. Como dice Vivekananda, «es fácil aflojar las riendas y dejar que se precipiten los caballos». El fuerte es el capaz de detener los caballos desbocados. El hombre tranquilo es el que domina las oleadas de su mente. La actividad es la manifestación inferior de la fuerza, la calma, la superior. También el *Tao Te King* nos da pistas de esta noción de fortaleza contraria a ese introyecto occidental que nos habla de superhéroes hercúleos como Terminator o Conan el Bárbaro. El versículo 76 dice así:

> El hombre al nacer es blando y flexible, y al morir queda rígido y duro.
> Las plantas al nacer son tiernas y flexibles,
> y al morir quedan duras y secas.
> Lo duro y lo rígido son propiedades de la muerte.
> Lo flexible y blando son propiedades de la vida.
> Por eso, la fortaleza de las armas es la causa de su derrota,
> y el árbol robusto es abatido.
> Lo duro y fuerte es inferior,
> y lo blando y frágil es superior.[1]

El Zen de los samuráis bebe de estas enseñanzas taoístas que, con sus paradojas, alumbran el arte de los dilemas *koan*. En el camino del

---

1. Lao Tse, *Tao Te King*, Índigo, Barcelona, 2002, p. 90.

samurái, al encontrarse con calamidades o situaciones difíciles, no basta con no tener miedo. Es preciso dar un paso adelante con valor y alegría; ser flexible de mente y cuerpo para adaptarse al cambio, sin dejar que el obstáculo o la adversidad nos paralice. Fortaleza, resistencia, junto con la paciencia, son virtudes muy importantes. El *Bushido* concluye: «Soportar y encarar todas las calamidades y adversidades con paciencia y una plena conciencia de ellas; porque como decía Mencio, cuando el cielo está presto a confiar a alguien una gran misión, primero ejercita su mente con el sufrimiento, y sus nervios, y sus huesos con el esfuerzo».

¡Venid!
¡Venid por siempre tristezas y dolores temibles!
Y acumularos sobre mi recargada espalda.
¡Que no me falte ocasión de probar las fuerzas que me quedan![2]

En mi vida, como en la de tantas personas, he debido ser fuerte. Primero, de niño, viví una infancia bastante solitaria. Mis padres se separaron cuando nací y en casa sólo estaba con mi madre, que trabajaba, salía de juerga y vivía los años de la transición con alegría. Pese a tener unos abuelos protectores, hay que ser ya algo resiliente cuando con diez años te dan la llave y el duro, acompañado de una frase que dice: «Ahora estarás sólo en casa, podrás entrar con tu llave». Lo del duro era más simbólico. Se refiere a cinco de las antiguas pesetas, es decir, un poco de dinero para los mínimos que uno precise.

---

2. *Ibid*, p. 193.

De este modo forjé una identidad de niño superviviente, en una cierta alerta permanente. Recuerdo el miedo a la oscuridad y el silencio de la casa esperando a que mi madre llegara del teatro. No creo que me traumatizara, pero algo quedó en mí de todo aquello. Luego, al crecer, la vida siguió poniéndome pruebas de resistencia vinculadas a cuidar y sostener a los míos. Una pareja con cáncer, una abuela con alzhéimer, un entorno familiar que no quería hacerse cargo...; un padre algo narcisista ensimismado en su fama...: pequeños detalles que van fortaleciendo el carácter, haciéndolo a veces agreste e incluso incómodo. Impulsivo, irascible, debiendo templar mi espada interior, mi alma de samurái, para no montar una carnicería de víctimas y acabar con todo. Se trata de comprender que la violencia y la explosión de ira no llevan a ninguna parte. Una cosa son las películas de samuráis y otra la vida. Fortaleza sí pero templada, las riendas de los caballos sueltas, sin cargarlas de ira. Este fue un aprendizaje de vida en el que todavía sigo involucrado. A mis cincuenta años, he templado muchas cosas y transitado todos los duelos de mi familia, pero sigo empeñado en aprender cómo bajar la guardia. La fortaleza tiene mucho de eso y reconozco que, muchas veces, no sé cómo alcanzarlo. Sin duda, agradezco mi condición resiliente, salir de las dificultades de forma positiva, como, por ejemplo, cuando te enamoras perdidamente de una mujer, te montas un cuento de hadas y el castillo de la princesa y el príncipe azul se viene abajo. No queda más que renacer, aunque estés tirado en la lona, herido de muerte por sable o katana, ante una mujer empoderada que desea reivindicarse. No queda más que enviarle amor, gratitud y levantarte para rehacer tu vida. Si lo haces rápido, se sorprenderán y todavía pillarás a los que te daban por muerto a contrapié.

Todo cuanto nos sucede puede ser una prueba de vida; cada obstáculo nos fortalece. Por eso hay que mirar a la adversidad con aceptación; sin queja. La actitud es la de ir hacia delante, no mirar atrás y agradecer lo vivido. La vida ya se encarga de curtirnos y hacernos más fuertes. La cuestión es aprender a sostener desde el arte de la paz, ese espíritu que también está en la no mente *mushin*: no luchar, conectar con el campo y su energía para hallar la respuesta o solución en cada momento. Y cuando toca sufrir, saber sostener pensando que la vida es cambio. Está en nuestras manos superar cualquier prueba u obstáculo por difícil que parezca. Sólo hay algo que nos trasciende: la muerte. De ahí que vivir sin miedo a ella también nos fortalece. No es fácil, pero vale la pena vivir empoderado con unas altas dosis de humildad. No ego, pero sí poder personal, sólo así podemos superar las dificultades y alcanzar nuestras metas.

Film: *Kill Bill* (Q. Tarantino, 2003)

Película que tiene el valor de presentar a una mujer samurái. Uma Thurman es Beatrix Kiddo, una madre que desea cumplir venganza contra quienes mataron a su hija cuando estaba embarazada y casi acaban con ella.

Meses después, despierta de un coma en el hospital dispuesta a dar su merecido a todos quienes le arruinaron la vida. Primero, los «machitos» enfermeros que la violaron estando en coma, y después a cada uno de los oponentes que integran el grupo de Bill, un mafioso vinculado a los *yakuza* japoneses. Para ello, la heroína viaja a Japón y, después de pequeñas venganzas, acude a Okinawa para dar con Hatori Hanso, un artesano de katanas retirado que accede a forjar, por última vez, una de las armas más poderosas de matar. El alma del samurái está en ella porque su creador cree en la misión de Beatrix. Es la espada que necesita el guerrero de pelo amarillo. Como hemos mencionado anteriormente, Hatori Hanso está inspirado en un famoso *ninja* a las órdenes de Tokugawa Ieyasu.

Por otra parte, los 88 maníacos parecen una burda copia de los 47 *ronin*. Su jefe es liquidado por la temible O-Ren Ishii, una Lucy Lu maquiavélica y altamente empoderada.

Tarantino hace uso de su habitual estilo desenfadado y pop, tanto en la estética como en la ordenación narrativa, donde capitula con saltos adelante y atrás, incluyendo tiras de cómic, momentos de *anime*, partes en blanco y negro o bellas secuencias de minimalismo zen, como el duelo final entre las dos poderosas mujeres.

El desarrollo del film avanza hacia ese enfrentamiento que viene precedido de una carnicería monumental, en la que Uma Thurman liquida, con su característico chándal amarillo y una acróbata elasticidad, a esos 88 maníacos. La lucha está rodada con altas dosis de humor y muchos detalles gore. Al final de la escabechina, la mujer queda como una fuerza de la naturaleza: un ser empoderado ante el que los hombres tiemblan. Sólo otra fémina puede cuestionar su jerarquía. De ahí el duelo final ante O-Ren Ishii, una arribista chino-americana sin escrúpulos. Luchan en un exterior nevado, en el jardín zen de la casa de las hojas azules. Suenan guitarras flamencas al estilo de los Gipsy Kings mientras la imagen se llena de la pureza del blanco, para acabar destacando la sangre de las mujeres heridas. Cuando Beatrix parece sentenciada por un golpe certero, se recupera una vez más y ejecuta a su rival cortándole la cabeza. Gran parte de su venganza ha sido cumplida, pero todavía queda liquidar a Bill, el líder de la banda. Esto permanece pendiente para una segunda parte que se rodó al año siguiente. Se habló de una tercera película, pero la trilogía nunca llegó a completarse. No obstante, *Kill Bill* es un film referencial del cine de Tarantino y de la cultura popular de inicios del siglo XXI. Sirvió para ubicar de nuevo al samurái en la iconografía popular de la mano de una de las mujeres más fascinantes de Hollywood.

Esta es, sin duda, una película para reafirmar que la filosofía samurái no es algo sólo para el hombre. Cualquier ser humano que quiera conectar con su poder personal debería ver este film. Tarantino le da ese aire gamberro, desenfadado y *kitsch* que planea a lo largo de su filmografía. Hay que tomárselo con humor y dejarse llevar por la potencia de su personaje principal.

Memoria de lugar: castillo Himeji

A Himeji sólo vamos a contemplar el castillo. El más bonito, más antiguo y mejor preservado de Japón, junto con los de Kumamoto y Matsumoto. Si estamos en Kioto, en apenas una hora se llega a esta pequeña ciudad para una visita de un día. Se ubica entre Kobe e Hiroshima, junto a la costa, en un llano.

La visita me coge saliendo de Koyasan, de modo que busco un hotel cerca de la estación, de los que tiene *onsen* o *hot springs*, como nos lo venden a los occidentales, para reposar mis piernas después de dos días en la montaña y lo que me espera «escalando» el castillo.

La silueta de la garza blanca, como se conoce al castillo de Himeji, se ve desde la puerta principal de la estación de trenes. La perspectiva de una de las arterias principales de la ciudad muere en la vista del fortín sobre una gran peña. Su nombre proviene de su es-

La garza blanca, el imponente castillo de Himeji.

tructura grácil y el color blanco combinado con el gris, que recuerda a una garza a punto de emprender el vuelo.

La excursión al castillo es algo exigente si uno visita el interior. Como edificio protegido por la Unesco y símbolo nacional para los japoneses, recibe mucha gente a diario. Es habitual tener que hacer una larga cola en la puerta para sacar la entrada. La subida a la peña, pasando distintos portales y niveles, no es obligatoria, pero, una vez en el interior, ascendemos siete niveles por escaleras bien empinadas. El gentío puede provocar claustrofobia. Estos avisos van para aquellos que no tienen necesidad de pisar *in situ* porque, sin duda, la mejor visión del castillo es desde la esplanada inferior. Aquí está la perspectiva e imagen que los mitómanos hemos visto en películas de Kurosawa como *Los siete samuráis* (1954), *Kagemusha* (1980) y *Ran* (1985). En la saga *James Bond* aparece en *Sólo se vive dos veces* (L. Gillbert, 1967) como escuela *ninja*. En la serie *Shogun*, inspirada en la novela de James Clavell, representa al castillo de Osaka. También sale en otras películas más recientes, como la saga de *Ruori Kenshin* (K. Otomo, 2012-21).

El castillo fue construido al final del periodo Kamakura, hacia 1333. A partir de 1545, pasó a manos del unificador de Japón, Toyotomi Hideyoshi. En el mismo bastión, nació Kuroda Kanbei, uno de sus mejores samuráis o señores de la guerra de su tiempo. Hacia el año 1600, Himeji cayó en manos de Tokugawa, después de vencer en la gran batalla de Sekigahara. El *shogun* cedió a su sobrino Ikeda Terumasa la regencia del castillo. Permaneció en manos de su clan hasta que Sakai Tadazumi lo cedió en la era Meiji. En la era moderna, podemos hablar del milagro del castillo de Himeji. Los americanos arrasaron con bombas la ciudad en 1945, durante la Segunda Guerra Mundial. Increíblemente, las dos bombas que cayeron en el castillo no detonaron. Los habitantes de Himeji lloraban de emoción incrédulos al día siguiente. La garza blanca se había salvado de su destrucción. La Unesco lo declaró Patrimonio de la Humanidad en 1993. A esta mítica resistencia, podríamos añadir, como buen castillo romántico, la leyenda de la princesa Senhine, nieta de Tokugawa que primero debió casarse por conveniencia con el jefe del clan rival. Su soberano falleció en el asedio del castillo de Osaka y ella tuvo que ser rescatada de una torre en llamas. Entonces, se enamoró perdidamente y a primera vista de Honda Tadaki, con quien acabaría viviendo en armonía como señores del feudo de Himeji. La princesa y sus damas de la corte ocuparon la extensa ala oeste del castillo que todavía se visita. Por un tiempo, Himeji fue una corte del amor, en el que un hombre y una mujer se enlazaron por amor, no por conveniencia. Algo muy atípico en aquella lejana Edad Media.

Himeji posee alguna otra célebre leyenda que tiene que ver con los samuráis. Al parecer, un joven Miyamoto Musashi, el mejor espadachín de todos los tiempos, pasó por el castillo en su juventud para exterminar a un *yokai*, o monstruo de los infiernos. Entonces, simplemente era un soldado raso al servicio de Kinoshita Iesada.

El castillo, además de por su belleza, destaca por sus sofisticados sistemas de defensa que le hicieron inexpugnable. Entre sus elementos destacan un muro del aceite capaz de repeler incluso las balas, un gran foso, muros en pendiente de abanico que impiden la escalada del enemigo y sucesivas puertas que blindan el castillo de una posible invasión. Las ventanas de celosía impedían también cualquier entrada, dando facilidades a los arqueros de Himeji. Sólo la pequeña torre de Kotenshu tiene ventanas lobuladas con adornos en negro. El resto es una robusta, aunque grácil, estructura pétrea defensiva que se eleva hacia el cielo.

Los japoneses sienten gran respeto y orgullo hacia su castillo de Himeji. El resto dejamos volar la imaginación, volviendo a aquellas películas con las que crecimos y, aunque la vida, a veces, nos dé reveses, queremos seguir creyendo en leyendas de princesas.

En mi visita, me acerco primero a la extensa ala oeste para poder tomar unas fotos desde esa posición intermedia. He visto imágenes promocionales con el castillo envuelto por los *sakura* (cerezos en flor), pero no importa... el otoño es bello. El interior del ala oeste no ofrece más que un largo pasillo con diversas estancias que, mediante unos paneles, tratan de explicar la historia del castillo. La información es algo desordenada y difícil por la cantidad de nombres y periodos. De nuevo, en la ascensión hacia la cumbre, se van pasando portales defensivos hasta llegar a la peña del castillo. Las partes inferiores, oscuras y con una decoración mínima en mitad de la oscuridad, resultan muy interesantes. La gente pasa de largo porque parecen guiados por la ambición de alcanzar la cima. La subida, entre la cola y las empinadas escaleras, resulta incómoda porque no aporta más que vislumbrar la ciudad desde las alturas. En efecto, el castillo fue edificado en un llano completamente desprotegido. Parece mentira que haya permanecido en pie hasta nuestros días. Al llegar al quinto o sexto piso, al fin veo alguna referencia a los samuráis, pero la decepción es grande porque el vídeo apenas cuenta nada y la imagen del guerrero aparece plastificada. Me siento como cuando Clint Eastwood me desmitificó a *El jinete pálido* (C. Eastwood, 1985) que fue en *Sin perdón* (C. Eastwood, 1992). No hay derecho: tratar así la figura del samurái me parece una frivolidad. Entiendo que es mi percepción mitificada y los prejuicios que me acompañan. A los japoneses ya les gusta así y, probablemente, a la mayoría de los turistas también. Cosas de un purista cargado de romanticismos y mitomanía, pero por eso vine aquí. Llegamos al piso séptimo. Los chinos empujan y, aunque no soy claustrofóbico, me dan ganas de salir pitando o sacar una katana. Respiro un poco, templo los nervios y voy saliendo. El ruido es ensordecedor. El día antes estaba en el Koyasan, disfrutando de la paz. Echo de menos el silencio y pienso en irme a la habitación a meditar o, mejor todavía, hacerlo relajándome en el baño *onsen*.

Una vez en la esplanada, ya en el llano, me repongo con un té verde de esos de botella de plástico que venden en las máquinas expendedoras y salgo del bullicio de garitos turísticos entre los que hay una barra que sirve buey de Kobe repleta de hombres forzudos.

Desde un tiempo, me estoy inclinando por la alimentación vegetariana. Son las cosas de Japón. No hago más que comer tofu, sopa de miso, arroz blanco, verduras y, de vez en cuando, algo de *sashimi*. La verdad es que me encanta. Me siento más ligero, me permite moverme más libre, como si de verdad fuera un mochilero vagando el Dharma. A mis cincuenta años, estoy volviendo a la adolescencia. La vida siempre te da sorpresas. Yo que venía de una triste ruptura de relación y aquí estoy como la gran garza blanca, alzando el vuelo. Gracias Himeji por hacerme creer en los mitos y en mí mismo. Cuando me acuesto, una profunda paz me envuelve. La aventura continúa.

> Tal vez no sepas luchar como una samurái,
> pero sí morir como una samurái.
>
> O-Ren Ishii

4. Liderazgo y disciplina

La disciplina es una de las condiciones indispensables del crecimiento espiritual, no sólo del arte de la guerra. Sin ella un samurái no era nadie. La base de un código ético se sostiene desde la disciplina, algo que nos hace estar comprometidos con unas prácticas e ideales. No se trata tanto de ser obediente a un credo, sino de comprometerse con lo que uno quiere ser. En la visión que proponemos en este libro, tomando al samurái evolucionado como arquetipo de crecimiento y empoderamiento, no hay que descuidar la disciplina. En el momento que carecemos de ella, estamos perdidos.

La dificultad de ser disciplinados reside en que corren tiempos de evasión y postmodernidad líquida en la que todo se acepta y se transforma con tal de vivir experiencias superficiales y placenteras. En este sentido, sí que hay que ponerse más estoico que hedonista, adoptando una condición guerrera, de saber sostener, vivir en la austeridad y no caer en la frívola falta de disciplina. Un samurái es pura obediencia a su señor. Tal vez, eso es lo que queremos cambiar desde esta visión modernizada, pensando que nos debemos a nosotros mismos y no tanto a un caudillo. No obstante, todos podemos construir proyectos, anhelar propósitos y querer un determinado tipo de vida; para ello es necesario ser disciplinado y leal a la persona que somos.

La disciplina ennoblece el trabajo y todo aquello que realizamos. Uno puede ser disciplinado con el cuidado de la casa y los hijos, con el trabajo, el cuidado de uno mismo o de la pareja; son muchas las esferas donde la disciplina se manifiesta. Gracias a ella, se sostienen otras de las cualidades que hemos ido apuntando, como el honor, la resiliencia, la lealtad, el cuidado de la mente para no vivir en el miedo, o el poder salir del ego para alcanzar la in-mente *mushin* que nos lleva a la mente original. Esta no tiene forma ni color, ni sombra. Representa el vacío esencial en el que el espíritu se mantiene en perfecta armonía. Para alcanzar el estado *mushin* del samurái del que hablaremos al final de este libro, se precisa mucha meditación y disciplina.

Así mismo, el cultivo de la disciplina tiene que ver con la perseverancia y el sentido del deber. En la vida de un escritor, la disciplina es la que te lleva al compromiso de escribir todas las mañanas, en un horario determinado. Algunos lo hacen todo el día, pero quien, como yo, se diversifica siendo profesor de yoga y meditación, en ocasiones da conferencias, o lleva grupos de terapia y *mentoring*, debe tener la disciplina necesaria para cumplir con ese compromiso que dice que has de escribir todos los lunes, miércoles y viernes, entre las nueve de la mañana y la hora de comer. Creo que, como modernos samuráis, todos los escritores tenemos ese compromiso con nuestro oficio. Unos lo harán por la noche o en la franja que mejor les vaya, pero hay que tener constancia y una férrea disciplina para poder escribir libros sin que perdamos el hilo narrativo y el tono con el que arrancamos. Si la mente se dispersa más de lo necesario, si tardamos en exceso en regresar al texto, nos perdemos, divagamos y la obra escrita no es la misma.

Si contemplamos el modelo samurái, la disciplina ni se cuestiona; forma parte de su ADN. Todo aquello que se integra dentro del camino del samurái debe ser cumplido sin vacilar; sólo así se construye la norma y un patrón de conducta determinado. Esto no impide vivir en el presente o en el fluir, pero bajo unas convicciones que nos enraízan. Gracias a la disciplina poseemos un centro, un sentido del deber y unas raíces que nos sustentan cuando la vida nos zarandea y pone a prueba. Ante una crisis personal, muchos salimos gracias a ese instinto de supervivencia íntimamente ligado a la disciplina. En mi última crisis, la forma de recuperarme fue apelar a la disciplina para recuperar mi sentido de identidad personal. Me puse a viajar, no tanto para evadirme, sino porque el viaje me conecta y me hace sentir quien soy. Recuperé las ansias de vagar, de vivir, de mezclarme con la gente de la calle, de volver a ver a tantos amigos en el camino y comprender que hay vida más allá del amor. He regresado a mi esencia, alegre y expansiva, tratando de aprender de los errores para avanzar en el camino. No querría verme como el bueno de la película porque aquí no hay buenos y malos, sólo personas que se encuentran y se desencuentran. La disciplina que obtienen quienes se forman o están en una práctica regular de yoga es muy útil para afrontar los momentos difíciles. En *kundalini* trabajamos mucho con las cuarentenas que implican practicar una serie de asanas o un tipo de meditación durante cuarenta días. La cuestión es que, si llegado el día treinta abandonas, debes volver al principio de nuevo. Así se sella el compromiso de no saltarse un solo día con la excusa que sea.

La disciplina en aquello que nos gusta es fácil. La prueba está en mantenerla en aquello que nos resulta más difícil e incómodo.

Si pensamos en nuestros hijos y en su educación, el tema de la disciplina deviene un tema capital. Actualmente, hemos confundido la tolerancia con la laxitud. Queriendo evitar el tradicionalismo paternalista nos hemos ido al otro extremo, permitiendo a nuestros hijos crecer sin disciplina alguna. No marcamos límites, todo está permitido, y el hacer lo que nos da la gana acaba generando comportamientos no saludables. Socialmente, la ausencia de disciplina también se nota en la falta de cuidado del medio ambiente, las relaciones, la palabra que uno da, la puntualidad y tantas y tantas cuestiones. Los samuráis tenían un elevado sentido de la disciplina para ordenar sus asuntos sociales y bélicos. No hay batalla ni estrategia sin disciplina; tampoco cuidado de uno mismo sin ser disciplinados y constantes en el entrenamiento. Es como en la épica de *Los siete samuráis* (A. Kurosawa, 1954) donde los guerreros deben entrenar disciplinadamente a los campesinos para poder defender su poblado de los bandidos que los acosan. Como veremos, este episodio ocupa gran parte del desarrollo de la película. Liderados por el gran Toshiro Mifune, los samuráis se organizan para liderar a todo el grupo. Siempre se precisa de la presencia de un líder, al igual que al inicio del film, cuando el más anciano del pueblo convence a los suyos de la necesidad de contratar a unos samuráis para que los ayuden. El líder es quien toma decisiones y, como dice Lu Shang en *Seis enseñanzas secretas de estrategia*: «Los grandes deciden, no dudan y, por ello, actúan con la velocidad del rayo, sin darte la oportunidad de taparte los ojos, como el trueno no te da tiempo a taparte los oídos. Avanza así, toma por sorpresa: actúa así, como un loco. Destruye a quienes ataques. Todos los que se acerquen perecerán».[1]

Tal vez es cuestionable eso de actuar como un loco, pero si hablamos de liderazgo, es cierto que no hay que dudar y ser intuitivamente espontáneo y veloz. La velocidad nos otorga el poder llevar el mando de la situación; ser el anfitrión y no el invitado. Jugar en terreno propio y escribir nosotros el guion nos da ventaja. Caer en la emboscada del rival nos lastra. Al igual que en el tenis, mandar en

---

1. Citado en *La mente del samurái*, C. Hellman, Kairós, Barcelona, 2012, pp. 40-41.

un punto otorga el poder de mover al rival sobre la pista a nuestro antojo, antes de asestar el golpe definitivo. En el arte de la guerra o el liderazgo es bueno controlar y dirigir a otros, siendo uno imprevisible e incontrolable. Controla el anfitrión. El controlado es el huésped. El liderazgo es de quienes toman decisiones, a poder ser acertadas. Aun, equivocándose, decidir es la naturaleza del líder. Vale para el jefe en la batalla o el director de un cine en un rodaje, una figura que se pasa la vida tomando decisiones una y otra vez. Esta figura moderna nos sirve para establecer nuestro punto de vista sobre el liderazgo. Antiguamente, se imponía un modelo de líder como jefe absolutista empoderado que tomaba decisiones cual superhombre con capacidades superiores a todo su equipo de trabajo. En el caso del cine, un buen director debía saber más que nadie para responder todas las dudas de su equipo o imponer su carisma, sin necesidad de convencer. Como cuando un grupo de jugadores es entrenado por Johan Cruyff o Zinedine Zidane. En el mundo samurái, ya sea en el modelo de Takeda Shingen, en *Kagemusha*, o Tokugawa Ieyasu, se obedecía a esta idea tradicionalista y medieval del gran líder que manda y punto; para ello había que ser un gran guerrero y buen estratega. En cambio, en la actualidad, esta estructura piramidal, que conduce a un jefazo o un director de cine tocado por la varita de la inspiración, puede haber caído en declive. Hoy se lleva una idea más moderna, que es la que yo llamo el nuevo líder espiritual, algo que trabajo en mis grupos de empresa o particulares. La premisa fundamental se basa en contemplar al líder como elevador de las virtudes de su equipo de trabajo. Así, un director de cine no es alguien que dice a los demás lo que tienen que hacer desde su sentido de creatividad única e impuesta, sino alguien que logra el desarrollo creativo de cada uno de sus componentes. El director de fotografía tiene su espacio de desarrollo para contar la historia con la luz, y lo mismo hacen el sonidista, el director artístico o el montador. El trabajo en equipo es coordinado por un líder que trabaja desde un sentido más horizontal, como impulsor e instigador de talento. El líder no es tanto el bravo Lancelot, sino el intuitivo Parsifal. Los tiempos del héroe hercúleo parecen caducados, al igual que los del fiero samurái que se hacía temer y lideraba desde la fortaleza de su katana. El nuevo samurái es el héroe espiritual, mitad monje, mitad guerrero; el que vence sin luchar porque domina el arte de la mediación, la lectura del campo y el estado *mushin*.

Liderar es un arte apto para aquellos que no sólo tienen fortaleza, inteligencia y decisión, sino temple, vulnerabilidad, empatía y compasión. Este es el nuevo líder. Alguien que ayuda a los demás y no sólo a sí mismo. Un ser más allá de la ambición personal, como los héroes de la famosa película de Kurosawa.

Film: *Los siete samuráis* (A. Kurosawa, 1954)

Una de las mejores películas de samuráis de la historia. Un clásico que sirvió para inspirar *Los 7 magníficos* (Sturges, 1960) y, por encima de todo, un film de valores incalculables sobre la lealtad, la solidaridad y el liderazgo comprendido como trabajo en equipo y no como gloria personal. Esta es la clave de esos siete samuráis enfrentados a más de una cuarentena de bandidos con la pobre ayuda de un pueblo acobardado.

La trama es sencilla, y probablemente la hemos visto ya muchas veces en diversos wésterns. Unos bandidos abusan de unos campesinos, asaltando su aldea reiteradamente, hasta que un día el anciano del pueblo toma la iniciativa de contratar a unos samuráis para liberarse de ellos. Estamos en el periodo Edo, cuando los samuráis pasan malos tiempos y viven en una relativa miseria. Pese a ello, no es fácil reclutar a los que necesitan, pero, poco a poco, se va conformando el grupo; Toshiro Mifune encarna a un samurái enloquecido capaz de maldecir a los campesinos por su cobardía y ser quien más juega con los niños; Takashi Shimura es un valiente guerrero que libera a un niño que ha sido secuestrado por un ladrón, y el samurái Kambei es un *ronin* humilde que ha sido derrotado en varias batallas. Lo interesante de estos siete samuráis es su distinto perfil psicológico. Aquí el maestro Kurosawa tira de su sentido shakespiriano para construir personajes ambivalentes y suficientemente contrastados.

Una vez el grupo de los siete samuráis ha sido formado, no sin cierta dificultad, son recibidos en audiencia por el anciano del pueblo. Los campesinos son unos cobardes y temen a los samuráis, pero, finalmente, aceptarán ser entrenados por ellos. La clave de la lucha será la construcción de empalizadas y estructuras de defensa para repeler las embestidas de los bandidos. Así quieren obtener ventaja desde uno de esos preceptos samurái que habla de ser siempre el anfitrión, no el huésped. Tomar la iniciativa, jugando en casa, algo que siempre debe ser aprovechado.

Kurosawa combina un bello naturalismo, en escenas como la de la cosecha, o la del joven samurái enamorado de una chica del pueblo, con la intensidad y el dinamismo de las batallas muchas veces bajo la lluvia. A nivel narrativo se insiste en el liderazgo solidario noególatra e individualista. Todos luchan siguiendo una estrategia común. Los valores samuráis se imponen en tiempos de crisis, mientras, en un poético momento, una anciana habla de que, en el otro mundo, no hay guerra ni bandidos.

Los campesinos lograrán, con la ayuda de los samuráis, repeler definitivamente a los bandidos después de unos cuantos e intensos combates. Por el camino quedan las víctimas, como el sabio anciano del pueblo o alguno de los samuráis. El pueblo los enterrará con dignidad y celebrará su ansiada libertad. El amor de los jóvenes acaba triunfando y un nuevo amanecer es posible gracias al liderazgo y la heroicidad de estos valientes samuráis.

Kurosawa consiguió rodar una película muy redonda y equilibrada en todas sus partes. Su magnetismo prevalece con el paso del tiempo, tanto por la humanidad de sus personajes como por esa prodigiosa técnica en el montaje y el dinamismo de unos *travellings* que se anticipaban a la modernidad cinematográfica. Un clásico que revisitar por mucho que sea en blanco y negro. Precisamos de estos valores solidarios y de servicio propio de los samuráis en estos tiempos de narcisismoególatra compulsivo.

Memoria de lugar: Nikko (tumba Tokugawa en Toshogu y desfile samurái)

Nikko es un bello paraje alpino al que se llega desde Tokio en apenas tres horas, haciendo cambio de tren en la pequeña localidad de Utsonomiya, conocida por sus famosas *gyozas*, una pista de que, por aquí, hay bastante ascendencia china.

Al final del pueblo, que se limita a dos o tres calles alargadas que salen de la estación de tren, está el recinto sagrado designado Patrimonio de la Humanidad. Acoge cuatro templos de gran importancia, aunque el epicentro y lugar en el que convergen todos los caminos es el mausoleo de Tokugawa Ieyasu, el líder de la nación que preservó la paz durante siglos gracias a su naturaleza y vocación de líder. El templo donde se guardan sus cenizas se conoce como Toshogu y se sitúa al final de una preciosa e impresionante avenida flanqueada por imponentes cedros. Próximo a él, Rinno-ji es un bonito templo budista cuyo origen se remonta al siglo VIII, cuando lo fundó Shodo Shonin, el mismo que creó el templo sintoísta de Futarasan-jinja, en una demostración de la coexistencia religiosa propia del Japón.

Rinno-ji está consagrado a las tres montañas (Taro, Nyoho, Nantai) que envuelven a Nikko, siendo el monte Nantai el más importante. Rinno-ji agrupa quince templos de orden budista, destacando el gran salón que alberga tres inmensos budas de oro de ocho metros de altura: Senju Kannon (Avalokiteshvara) con sus mil brazos representa el Nantai; Amida Nyorai (Amitaba), el Nyoho, y Bato Kannon es el Taro. El templo se mantiene en activo y sirve de lugar de entrenamiento ascético a monjes de la secta esotérica Tendai. Tres veces al día se realiza un interesante ritual con fuego.

Otro templo que destaca en el conjunto es el Taiyuin, donde están los restos del nieto de Tokugawa. Más modesto que Toshogu, pero siguiendo una línea arquitectónica similar, con un gran portal de entrada, Niomon *gate*, que está hecho de cubiertas achinadas y una intensa fachada en color rojo. La última de las puertas, la Karamon, tiene un dragón blanco presidiendo antes de llegar al *haiden* o salón de plegaria. Detrás de él queda el *hoden*, o salón principal, y, al fondo, el mausoleo de Iemitsu Tokugawa. Como en todo este lugar, la magia del bosque y los árboles centenarios envuelve los espacios espirituales, protegiéndolos con una pátina de naturaleza sagrada.

Como el santuario de Toshogu, este templo también mezcla formas y estructuras sintoístas con budistas, dos religiones que estuvieron prácticamente fusionadas hasta que la reforma Meiji quiso separarlas.

Toshogu, el santuario principal de Nikko, ocupa un espacio de casi cincuenta mil metros cuadrados en pleno parque de montaña protegido. Fue centro de peregrinación y símbolo del poder de Tokugawa durante todo el periodo Edo. Hoy, dos procesiones al año (otoño y primavera) celebran la recreación del momento en el que los restos del gran *shogun* llegaron al templo. Sus edificaciones doradas impresionan por la profusión de detalles y ornamentación. El conjunto fue construido durante un año y medio por más de cuatrocientos mil trabajadores. Hay más de cinco mil tallas en sus paredes de madera. Entre ellas, los famosos tres monos que ilustran una de las enseñanzas más conocidas del confuncianismo. Un mono se tapa la boca, el otro las orejas y el último los ojos. La cultura japonesa, retomando el legado de Confucio, cree que para llegar a la vida plena no hay que hablar con el diablo, ni verle ni escucharle. No veas, no oigas, no hables.

El santuario de Toshogu se reconoce también por la gran pagoda de cinco pisos en intenso bermellón que preside su entrada. Su decoración presenta tallas con los signos del zodíaco.

De entre las distintas puertas que hay que ir cruzando para llegar al mausoleo, la más impresionante es la de Yomeimon. El mausoleo *goden* no sólo conserva sus restos, sino también su testamento.

Como hombre que murió convertido casi en divinidad, Tokugawa Ieyasu estableció el shogunato que lleva su nombre, el cual rigió desde la crucial batalla de Sekigahara (1600) hasta la Restauración Meiji de 1868. Tokugawa completó la misión reunificadora de Japón que habían iniciado Oda Nobunaga y Toyotomi Hideyoshi. Bajo el régimen de este último, se convirtió en el daimio más poderoso de su tiempo. Nació con el nombre de Matsudaira Takechiyo. Después de la toma de Kioto, en 1568, por parte de Nobunaga, Tokugawa buscaba la expansión de sus territorios, al igual que Takeda Shingen, quien acabaría siendo su rival. Este le venció en la batalla de Mikatagahara y casi muere, pero, finalmente, su alianza con Nobunaga le permitió acabar con el clan Takeda. En Sekigahara, Tokugawa Ieyasu aplastó el ejército del oeste de Ishida Mitsunari. Como líder empoderado capturó y asesinó a los líderes rivales para gobernar Japón de forma absoluta. También implementó un código de normas conocido como sistema *bakuhan* que tenía a los samuráis y daimios bajo su control. En 1603, con sesenta años, fue nombrado *shogun* por el emperador Go Yozei, que tenía un poder meramente simbólico. El suyo fue el shogunato más longevo, superando al de Kamakura y Ashikaga. Todos los hombres de su era, Oda Nobunaga, Toyotomi Hidegoshi, Takeda Shingen y Uesugi Kenshin, fueron superados por él. Su última victoria fue ante una presunta rebelión de una serie de samuráis aglutinados en el castillo de Osaka. El asedio del castillo acabó en 1615. Con los Toyotomi eliminados, Tokugawa ya no tuvo ningún rival y pudo liderar en solitario el destino de Japón; algo que los suyos postergaron durante dos cientos cincuenta años más. Al morir, al año siguiente fue deificado como *gongen*, un buda aparecido como un *kami*, o entidad adorada en el sintoísmo. Sus restos permanecen en este lugar tan sagrado llamado Nikko. Su liderazgo sigue siendo objeto de veneración hoy en día.

Llego a Nikko el día antes de la gran procesión de otoño que siempre se corresponde con el día 17 de octubre. La primera jornada tan sólo abre la fiesta con un concurso de arqueros y poco más. Cuando bajo del tren, hay gente por las calles, pero no tanta como temía. Al parecer vienen más en primavera, coincidiendo con el *sakura*, ese mágico momento en el que florecen los cerezos. Los arrozales verdes me han recibido en este fondo del valle idílico cerrado por unas montañas poderosas e impresionantes. El río baja caudaloso. La atmósfera es prístina y limpia. Me paro a comer en una barra japonesa. Me sirven un manjar llamado *yuba* que jamás había probado. Se trata de unas finas láminas hechas de habas de soja. Comida ideada por los monjes budistas. Sana, deliciosa y nutritiva. En Japón es fácil adelgazar y más si uno va *on the road* de mochilero como me toca estos días, andando una media de quince mil pasos. Me siento líder de mí mismo; gobernante de mi cuerpo y mi salud. Este viaje al Japón es para mí una larga meditación que me está enseñando a no depender de los demás. Me olvidé de mí mismo y el modelo de liderazgo samurái me sirve para empoderarme. Yo también vengo a honrar al gran Tokugawa por sus enseñanzas. Como si de una penitencia voluntaria se tratara, me dirijo al *lodge* donde voy a dormir, andando, con mi mochila. Son veinte minutos de subida, dejando el pueblo atrás. El lugar es un nido de mochileros con un propietario americano extravagante con pinta de surfista hawaiano. En la puerta, un esqueleto clavado en la tierra anticipa Halloween. Habitación justilla pero con tres ventanas. Diviso el valle y sin dilación vuelvo a la senda, camino de Toshogu. Ando por una carretera de montaña; los coches me pasan por el costado. Desciendo hasta cruzar un río y me planto ante el puente de Shinkyo. Me quedo maravillado por su belleza y la naturaleza que lo enmarca. Tomo una foto que aparece en este libro (pág. 211). La luz es perfecta. Sólo tengo que pulsar el botón. Ascendiendo por unas rampas y escaleras entre árboles, llego a Toshogu. El espacio impresiona por el bosque que lo integra: oscuro, profundo y señorial. Es última hora y tengo la esperanza de que el turismo haya descendido, pero no es así: está lleno de chinos. No sé por qué me acuerdo del Koyasan, comparo y decido que esto me gusta menos. Cuando llego al templo principal y contemplo la capilla lateral con los restos de Tokugawa, veo que casi nadie le hace caso; están con los preparativos de la ceremonia del día siguiente. El interior del templo está parcialmente cerrado. Monjes de blanco ensayan la ceremonia del amanecer. Me tengo que concentrar para honrar a Tokugawa, el ruido lo impide. Apuro para quedarme de los últimos en el recinto. Entonces, siento cierta comunión con el pasado y su liderazgo. La naturaleza abruma y cae la noche. De regreso al pueblo, me parece *Twin Peaks*, pero no intuyo el crimen. Estación de bomberos, policías relucientes. Turismo feliz y en orden. Todo funciona si no fuera porque *google maps* está a punto de llevarme de regreso al *lodge* por el monte. Tengo que desandar un tramo y regresar por el pueblo. Apenas me queda batería en el móvil y no puedo usar la linterna. Hay luna nueva. Aventura y un poco de adrenalina. Pienso en la valentía de los líderes y tiro para delante. Sin miedo, con decisión y la motivación de llegar para tumbarme en la cama. Al final lo logro. Petardos y fuegos de artificio en el cielo. La fiesta ha empezado. Ceno pollo al curry. El olor invade la casa. Por teléfono, mi chica me conforta. El amor crece entre nosotros poco a poco, como algo mágico. Esta vez sé comportarme como un ser independiente que ama. Ella también. La vida nos está uniendo en un espacio tiempo coincidente. Me encantan las sincronías. Sentirme bien conmigo mismo y, desde ahí, compartir y elevar a los demás, no al revés. Se acabó la víctima y el sostenedor. ¿Es este un síntoma de que vuelvo a tomar las riendas de mi vida? No lo sé, pero al día siguiente soy feliz cuando el sol ilumina mi cara. Bajo la cuesta para llegar a la procesión. Tengo cierta excitación. Al fin y al cabo, he venido a Japón para coincidir con esta fecha. La ilusión de un niño, ese que se sitúa a mi lado en el cordón de seguridad para ver el desfile. Me acuerdo de los Reyes Magos, pero ahora estamos aquí por los samuráis. Llevan más de trescientos ochenta años celebrando el festival, desde que, en 1617, se trajo a Tokugawa hasta aquí. El niño va vestido con un traje samurái manga y una katana de plástico en el cinturón. En la parte trasera de la camiseta puede leerse Yokai Watch. El niño es una monada; apenas tiene cuatro años. Empieza a verse el brillo de las armaduras a lo lejos. La avenida de cedros impone su atmosfera ceremoniosa. Brilla el sol y se escucha el agua en el arroyo. Las cámaras de la televisión japonesa están delante. Por una megafonía bilingüe inglés/japonés empiezan a explicar el desfile; creo que le quita encanto. Espero unos tambores que no llegan. La mamá, con un bonito vestido largo negro, de una pieza. Ancianos con sombreros de ala ancha aguardan también con impaciencia. Una señora lleva las hojas secas de ofrenda de la *suki tai sai*, el ritual sintoísta de la mañana que me he perdido. La procesión se retrasa. Los japoneses también fallan. Siento que me estoy emocionando. Tantos kilómetros para llegar aquí, empoderado por la magia del cine. Los mitos y las leyendas tienen estas cosas. Pienso en Kurosawa y en Toshiro Mifune, también en mis añejas clases de cine en la ESCAC. Armas nobles para tiempos más nobles. Del otro lado saludan al niño y le llaman samurái *san*. Este sonríe. Siento que el niño y yo somos uno. Nunca hay que perder la ilusión. Yo también fui ese niño que soñó aventuras samurái, el *ronin* solitario que creció a su aire, el que pasó situaciones sosteniendo desde la fortaleza como fuera. La procesión empieza. Tampoco hay para tanto. Los samuráis son algo plastificados y parecen llevar un dónut en la cabeza. Echo en falta la épica y el bramido de unos tambores, o algo que le dé potencia al conjunto. Me falta caña e intensidad. Estos samuráis no imponen, parecen de Disney.

El desfile transita silencioso con voluntarios de la zona. Algún señor mayor aporta cierta clase al conjunto. Lo más bonito es ver la ilusión del niño, que alucina, aunque solo desfilen tres caballos. Al final, los mitos son eso, pura ensoñación. La procesión dura unos veinte minutos. Me sitúo en la parte de atrás con la gente que marcha tras ella. Me sirve para salir elegantemente del recinto y recluirme

Desfile samurái de otoño, Nikko.

en uno de esos restaurantes japoneses en los que te sientas sobre el tatami, como el de al lado del templo de Ryoanji. Una guapa japonesa apura su helado de matcha mientras hace manitas con su chico. Es otoño, pero el ambiente es primaveral. Pido un menú de *yuba*. La versión fría es tan buena como en formato caliente en mil hojas. La visión del jardín zen es espectacular. La importancia del orden ubica el espacio y apacigua la mente. Apuro una sopa de miso con bambú y tofu. Los sentidos se deleitan. La japonesa es la cocina más saludable del mundo, ya no tengo ninguna duda al respecto.

Unos petardos anuncian que la hora de comer ha acabado. La procesión debe seguir ahora en sentido inverso. Hay que regresar al templo de Toshogu portando los restos de Tokugawa, así que vuelvo a infiltrarme entre el público; esta vez entre los árboles, sin escuchar la monótona explicación. Grabo vídeos que después compartiré en redes. A la gente también le gusta ver las celebraciones pintorescas. La procesión no aporta mucho más; cuando acaba, visito Rinon-ji. De los tres inmensos budas, me sorprende que el del centro tenga a los pies un pequeño buda de pie, con el dedo índice apuntando hacia el cielo como el andrógino de Leonardo. Casi sin querer me meto en el museo del templo y descubro unas esculturas en madera del año 1000; entre ellas, la diosa Kannon y alguna pieza también en bronce. Los antiguos jardines de shuroyen son también una maravilla; forman parte de la visita al museo. Los colores otoñales lo inundan todo con esos rojos del *momiji*, o arce japonés. Estanque con carpas, puentes de bambú. Un paraíso natural construido por el hombre con una sensibilidad muy afinada. La alineación con la naturaleza es total en Japón. Cuando salgo, disfruto de los últimos instantes de sol en un templo que parece abandonado y que he descubierto saliéndome del camino. Parece ser el de Hongu (710-794), dedicado a un dios local. Este fue el principio del templo de Futurasan, fundado por Shodo Shonin. Templetes de madera. Budas de piedra en el exterior. Una torre china en distintos niveles. No hay como visitar en soledad. El sol se pone y debo regresar al pueblo. De ahí de nuevo la cuesta a oscuras, pero el sendero es conocido. Cuando llego al *lodge*, están con el conflicto de Israel y Palestina. Nada nuevo en el planeta Tierra. La noche cae, el silencio lo envuelve todo. Me voy a dormir pensando en el niño y el futuro que le espera. Hace falta un liderazgo compasivo. Un largo periodo de paz en la Tierra. Precisamos de nuevos líderes no ambiciosos. Tal vez, en breve lleve un proyecto vinculado a ello. Son las semillas de un viaje que sigue. Al día siguiente voy a Tokio para encontrarme con la gente de la embajada y el Instituto Cervantes: les interesa alguien que viva desde este niponismo. El problema que parecen tener es que los japoneses han perdido el interés por el resto del mundo. Como pasaba en el tiempo de los samuráis. Todo vuelve.

> La vida del hombre es similar a recorrer una larga distancia con una pesada carga sobre los hombros.
> No te apresures… no repruebes a nadie
> y permanece siempre atento a tus propias limitaciones…
> El paciente dominio de uno mismo es la base de una vida larga.
>
> TOKUGAWA IEYSASU

ESTÉTICA

5. El elogio de la sombra

La estética japonesa es sutil, elegante y sin estridencias. Como extensión del taoísmo, el concepto del vacío es muy importante. A diferencia de nuestra cultura, acostumbrada a llenarlo todo y dar valor a lo que ocupa y lo que es, en Oriente el espacio en blanco de una composición pictórica, lo no dicho desde el silencio, es tan o más importante que el resto.

El sentido de armonía lo abarca todo. Espacio y vacío, luz y sombra. Esta forma estética transmite una forma de ser y de comprender el mundo. Bajo el elogio de la sombra, se da valor a lo insinuado y a lo no revelado. Lo misterioso adquiere un profundo y ambivalente sentido, de un modo que lo percibido se recibe como una obra abierta. Los mensajes no son absolutos ni maniqueos, sino abiertos a la interpretación del espectador. Los espacios se descomponen perdiendo sus límites y contornos, como en esas hipnóticas películas de David Lynch (*Eraserhead*, *Carretera perdida* o *Mulholland Drive*) donde la cámara se sumerge en una oscuridad que nos traslada al reino del subconsciente y las pulsiones.

Japón elogia la sombra porque su territorio entiende de brumas, las lluvias son constantes y el sol reina ocasionalmente. Los interiores de las casas tradicionales donde vivieron los samuráis eran como los *ryokans* contemporáneos que todavía podemos visitar. En ellos, la vida transcurre en la misma horizontalidad que vemos en las películas de Ozu (*Historias de Tokyo* o *Primavera tardía*). Recomiendo el Ishihara Ryokan de Kioto donde Kurosawa se encerraba a escribir sus guiones o el bello Fukuzumiro *ryokan* de Hakone. No existen las paredes, sino unos paneles *shoji* que abren y cierran los espacios, dando pie a las sombras y las ensoñaciones. El valor de la sombra es abrir la puerta de la imaginación y de lo sutil, además de algo tan trascendente como atemperar el espíritu. La iluminación que nos rodea afecta directamente a nuestro estado emocional. El reposo del guerrero requiere de paz, y esta se adquiere con una iluminación moderada. No hay nada peor que un estallido de luz blanca y diáfana para impedir el descanso. También, como veremos en el capítulo dedicado al imperio de los sentidos, los amantes y sus artes amatorias requieren de la luz de la penumbra. Sugerir los cuerpos, como en la bella *The Pillow Book* (1996) de Peter Greenaway, y componer cuerpos y espacios con la pintura de la sombra. Hubo un tiempo en que el fuego y las velas alumbraban los espacios. Al llegar la corriente eléctrica y sus múltiples posibilidades, se polucionó todo. Al menos así lo ve Junichiro Tanizaki, en su famoso ensayo que trataremos en el siguiente punto.

Para el samurái, la sombra era también el recuerdo del morir; la entrada a ese otro mundo que vive paralelo a la vida. No es esa visión del cielo y el infierno polarizada de nuestra cultura, sino la convicción de que día y noche, luz y oscuridad, vida y muerte son una misma cosa que convive con nosotros. Así, elogiar la sombra es aceptar que la vida es el morir. Esta es, al mismo tiempo, una de las puertas del alma que no entiende de lo directo y zafio, sino de lo sutil, indirecto y refinado. Hay algo en la sombra de la pulsión de los sentidos. Bajo la densidad atmosférica de la oscuridad, estos alcanzan la paz.

Si atendemos a la mente, la sombra equivale psicológicamente a aquello que no queremos ver en nosotros. El punto ciego, las partes de nuestra personalidad reprimida que ocultamos consciente o inconscientemente. Por tanto, elogiar la sombra y vivir en ella implica aceptación de la propia persona, con todo lo bueno y lo malo. Somos seres imperfectos, como aquellos samuráis que fueron a aprender de los monjes zen la forma de no temer la muerte. Saber vivir en el reino de las sombras e incluso de los muertos, los espíritus y los fantasmas puede ser tan necesario como hacerlo entre la luz de los vivos. De hecho, la historia cultural y tradicional japonesa está llena de espíritus y fantasmas: desde los *kami* que viven en la naturaleza, pudiendo ser agentes protectores o destructores, a esas maravillosas historias que nos han llegado, como *Kwaidan* (1904) de Lafcadio Hearn o *Los cuentos de la luna pálida* (1953) del refinado cineasta Kenzi Mizoguchi.

A mí, la sombra me alcanzó viendo las pinturas de Rembrandt, cuando todavía no tenía ni idea de que acabaría estudiando y enseñando Historia del Arte. El instituto nos llevó de viaje de fin de curso a Ámsterdam. Además de ver la pintura lisérgica y colorida de Van Gogh que los japoneses tanto aprecian por la similitud con su estampación, llegamos al Rijksmuseum y allá aparecieron aquellos profundos autorretratos donde un anciano Rembrandt te miraba entre sombras, desde lo más profundo de su alma. A su lado, *La ronda de noche* (1642) descomponía el espacio con unas diagonales integrales, asimétricas, bajo una atmósfera en la que el equilibrio entre la luz y las sombras lo contaba todo acerca del grupo humano que aparecía retratado. Mi pasión por la pintura no dejó de crecer, ni las visitas a diferentes museos del mundo. En Nueva York descubrí a Rothko, como antes me había maravillado con las parisinas *Ninfeas* de Monet. El color también puede ser capaz de elogiar la sombra, aunque la naturaleza de la oscuridad en blanco y negro pueda ser más excitante.

La vibración lumínica de las grandes composiciones de Rothko o la gradación de series como *La catedral de Rouen* (1895) de Monet son buenas muestras del lenguaje de la sombra en nuestra cultura. En el contexto japonés, arquitectos como Tadao Ando (1941) son claros exponentes de la integración de los preceptos del Zen en la arquitectura contemporánea. En sus obras, la luz y la sombra establecen un diálogo constante, al tiempo que conceptos como el *wabi-sabi* (estética que integra la transitoriedad, la fugacidad, la impermanencia, la sencillez, la imperfección o la asimetría) sirven para definir las líneas estructurales. La quietud reina bajo el misterio de las sombras. La casa Azuma es un brillante ejercicio de arquitectura zen contemporánea. Si queremos rastrear casas tradicionales del periodo japonés, se puede pasear por Nara o la ruta Nakasendo.

Atendiendo a la gestación de las sombras en los espacios, tres tipos de luz son fundamentales: la luz indirecta o *endawa*; la difuminada, propia de los *shoji*, y la tamizada o *komorebi*. La primera disminuye su intensidad como consecuencia de un impacto contra una superficie; lo más normal es dirigirla contra una pared o incluso el techo. En la cultura japonesa, *endawa* se refiere a la proyección exterior del suelo en una vivienda, que sirve como lugar de paso o para sentarse, denominado veranda. Aquí se establece un juego de contrarios entre exterior e interior, luz y penumbra, recordando la dualidad yin-yang. Desde lamas de maderas u otras estructuras, se trata de impedir que la luz exterior entre directamente. Así, surge la luz indirecta y difusa como elemento principal de la belleza y estética de las casas japonesas. Para ello, también es básico que el alero del tejado sobresalga de forma importante. Tadao Ando menciona aspectos como «ver la luz gracias a la oscuridad. La luz y las sombras contribuyen a la serenidad deseada en el Zen. Igualmente, las sombras permiten la oportunidad de pensar y contemplar».[1]

La luz difuminada es la que pierde intensidad al atravesar las cortinas translúcidas *shoji* que recubren las puertas correderas japonesas. Normalmente son de papel de arroz y consiguen no pesar mucho y matizar la intensidad de la luz que proviene del exterior u otras estancias de la casa. Mediante las *shoji*, a medida que vas entrando en el centro de la vivienda, la luz va perdiendo intensidad. La penumbra nos lleva hacia un espacio más íntimo. Esta es otra de las cualidades de la creación de sombras en nuestro entorno. La parte meditativa y de centramiento surge gracias a las sombras, algo que el samurái podía valorar en gran medida si lo entendemos desde ese arquetipo que aquí planteamos. Alguien que sale al exterior y lleva a cabo nobles empresas defiende causas justas, pero no carece de su fortaleza interna. La sombra permite modular nuestro interior, reconocer nuestras partes más difusas y abrazar lo más profundo de nuestro ser.

Las sombras proyectadas de la naturaleza en un interior reciben el nombre de *komorebi*. Así mismo, la vegetación tamiza la luz con colores, filtros y densidades distintas. Todo este lenguaje de la luz es muy tenido en cuenta en la estética tradicional japonesa y nos enseña a ser más precisos y pulcros con nuestros entornos. Vaciemos las estancias, dirigiéndonos hacia el *minimal zen*, y permitamos que la luz de la penumbra exprese sus mensajes. El alma lo agradecerá encarecidamente.

La casa tradicional japonesa surge como respuesta al entorno, complementándose para formar parte de él.

---

1. Michael Auping, *Tadao Ando. Conversaciones con Michael Auping*, Gustavo Gili, Barcelona, 2003.

Como evoca D.T Suzuki en su libro *El zen y la cultura japonesa*, «la sombra siempre fluye, nunca se detiene, ni se convierte en un sólido».

Libro: *El elogio de la sombra* (J. Tanizaki, 1933)

Pequeño gran libro esencial que se cataloga como ensayo de arquitectura, pero que trasciende su propósito inicial para convertirse en un manifiesto general sobre la cultura zen japonesa. Junichiro Tanizaki fue un eterno candidato al Premio Nobel, entre otras cosas, por su aportación al entendimiento mutuo entre Oriente y Occidente. En Japón recibió el premio Orden de la Cultura como miembro destacado de una generación compuesta, entre otros, por Yasunari Kawabata o Kunio Mishima.

La intención de su libreto de apenas cincuenta páginas, según el formato de la edición, consiste en contrarrestar los efectos de la irrupción de la electricidad en las casas. En la primera mitad del siglo XX eran muchos los intelectuales japones que trataban de compensar los efectos de la modernización y la supuesta pérdida de los valores tradicionales japoneses. No se puede renunciar a las comodidades tecnológicas de los nuevos hogares, anuncia Tanizaki, pero por qué prescindir de los valores estéticos de siempre. *El elogio de la sombra* viene a reivindicar el valor de lo sugerido, lo misterioso y lo esbozado. Importa el no espacio, aquello que no vemos y la luz tamizada que reposa el alma, apaciguando también la mente. Hay que comprender y experimentar el misterio de la sombra. La belleza surge de la luz indirecta y difusa. Como apunta el autor de este maravilloso libro, «para que esa luz debilitada, lastimosa y efímera penetre en las paredes interiores tierna y mansamente, enlucimos estas mezclas con colores apagados [...]. Nuestros antepasados, forzados por estas circunstancias a vivir en estancias oscuras, descubrieron un buen día belleza en las sombras y acabaron poniendo estas al servicio de sus ideales estéticos. La belleza de la casa tradicional japonesa se genera completamente a partir de las diversas intensidades de la sombra, más allá de lo cual, simplemente, no hay nada».[2]

Los espacios lóbregos nos calman. Comprender las sombras nos hace más sabios. El hombre moderno, que vive en casas perfectamente iluminadas, mora en la superficialidad de la fachada y la apariencia. Como decía Sri Aurobindo, para poder ver, has de quitarte del centro de la imagen. Reduce la luz del ego y contempla más allá de la sombra.

Los orientales crean la belleza llenando de sombras los lugares más desangelados. No se trata de cargar los espacios con decoración, sino de ir a la esencia más minimalista y dejar que la luz se exprese desde ese lenguaje de sombras que se encuentran orgánicamente.

El aprendizaje es buscar la belleza dentro de la oscuridad. Esto se asimila a ese aspecto cultural y sociológico de los japoneses que se vinculan con los fantasmas y los espíritus de una forma natural. La oscuridad no es vista como algo temible y evitable, sino como un valor para alcanzar la belleza de las tinieblas. Los occidentales podemos estar obsesionados con la claridad, mostrarlo todo y brillar, siempre desterrando las sombras que nos espantan. En la oscuridad, pululan todo tipo de fantasmas, espectros y duendes. No podemos perdernos el reino de las tinieblas. Es preciso, según Tanizaki, recuperar ese an-

---

2. Junichiro Tanizaki, *El elogio de la sombra*, Satori, Gijón, 2021, pp. 44, 45.

helo de poder ver en aquella oscuridad visible; leer entre las sombras y comprender los rincones más profundos del alma humana.

Memoria de lugar: casa samurái Nomura (Kanazawa)

La casa Nomura es la casa de un señor samurái de alto rango. En la ciudad de Kanazawa, hubo otras al pie del castillo de las que quedan vestigios alrededor del parque. Por desgracia, la gran casa del clan regente Takada fue destruida y hoy sólo se puede ver el gran portal de entrada, apenas una garita, y parte del jardín. En cambio, la Nomura, un poco más allá del museo Ashigaru Shiryokan, está perfectamente conservada. No todo data del siglo XVI, cuando el señor Maeda Toshiee tomó el castillo de Kanazawa, pero muestra perfectamente las características de la vivienda tradicional de un samurái de alto rango. Toshiee estableció tres siglos de paz bajo el reinado del clan Kaga. Al llegar la reforma Meiji y querer borrar todo aquel pasado medieval japonés, la modernidad arrasó las antiguas viviendas. En el mejor de los casos, fueron reconvertidas o reaprovechados sus jardines. Algunas tuvieron la suerte de ser vendidas, como la Maeda, que pasó a manos de un rico comerciante después de que distintas generaciones del clan samurái la habitaran. Kubo Kokei, el nuevo propietario, mantuvo la casa con bastante cuidado y respeto hasta ser convertida en el espacio museo que hoy se visita.

Llegar a Kanazawa es muy fácil desde cualquiera de los puntos principales de Japón, dado que hay un *shinkasen* tanto desde Tokio como desde Osaka/Kioto. Se tarda apenas dos horas y la ciudad está bien preparada para el turismo. Tiene una medida bastante cómoda y se puede recorrer casi todo andando.

Adentrarse en el barrio samurái de Nagamachi es, sin duda, una experiencia para cualquier seguidor de estos legendarios caballeros. Constatar su pasado, latente en edificaciones de aquel tiempo o reformadas, emociona. La Maeda se puede visitar por dentro y está muy bien preservada. Antes de visitarla es bueno perderse sin rumbo por la zona. Las casas samuráis se conocen por el talante de unos tejados apuntados en cerámica tradicional. Igualmente, los jardines al pie o el patio trasero de las casas dan buenas pistas.

Modernizada casa samurái.
Barrio de Nagamachi, Kanazawa.

Cuando llego al barrio de Nagamachi, un silencio sepulcral me aborda. Debe de ser el respeto y devoción que siento por los samuráis. Entro en un café galería llamado Creava, atraído por su fachada de madera y un estrecho corredor cuya fuga da a un precioso jardín zen. Me cuelo directo hacia el exterior. Una mujer que está recogiendo unos utensilios descubre mi intrusión y me disculpo. Sonríe. Le digo que es un espacio precioso.

La casa detrás del jardín zen, presidido por una bella linterna de esas de piedra, es una excelente reconstrucción de lo que fue una gran vivienda samurái. La mujer me permite hacer fotos con mi móvil hasta que entro a tomar un café. Una vez más, el refinamiento japonés me sorprende. El espacio, en roble, con una estilosa barra, envuelta de obras de arte en cristal, parecido al de Murano. El café, servido en un gran tazón de cerámica artesanal, me conforta; lo acompañan de dos galletas integrales. Me muestran la pequeña galería del interior con obras escultóricas formando cubos geométricos en finísimo cristal rojo. Minimalismo escultórico y conceptual. Me llevo una pequeña pieza en formato postal de vidrio. Al salir a la calle ha empezado a llover. El urbanismo de la zona recuerda a los *haodong* de la China imperial, por su entramado de callejones alargados y bastante estrechos. Las casas apenas superan los dos pisos, por lo que hay bastante luz. Me dejo llevar por los fantasmas del pasado, mirando a cada una de las casas de aire medieval modernizado. Simplemente son edificaciones de madera con bellas cubiertas de cerámica y jardines centenarios, extremadamente cuidados. Muchas de ellas recuerdan al estilo de viviendas que uno encuentra en California, concretamente en la bahía de San Francisco. Pienso en lo bien que se llevaron la contracultura americana y el Zen. La imagen de Alan Watts me viene a la memoria y también la de amigos como Ron Davies, el fundador de la San

Francisco Mime Troupe, que vive como un monje zen en una casita de madera rodeada de bambús. Me gusta comprobar cómo los mundos se tocan. Las afinidades nos llevan para encontrarnos y reencontrarnos más allá de las geografías o las edades. Ron debe de tener ya cerca de noventa años. Me dijo que se mudaba al norte de la costa oeste porque los de Silicon Valley habían invadido su oasis. «El dinero todo lo puede», decía gruñón. Por eso, en su juventud asaltaba los parquímetros de Berkeley. Regreso al aquí y el ahora. Casi por casualidad doy con la casa Maeda. Mi plan era visitar la residencia samurái Nomura-ke.

Me quito los zapatos y me dispongo a entrar. El suelo es todo de tatami. Domina la horizontalidad. Los techos no son muy altos; planos y de madera. Las paredes son correderas; algunas con pinturas protegidas por un cristal; otras en papel de arroz. El cierre de las paredes genera la penumbra. Tras un recibidor, un pasillo lleva a un patio de luces concebido como un diminuto jardín zen. Por el interior, se accede a la sala central de la casa, que comunica tres estancias entre ellas: un salón, una habitación principal que da al gran jardín y una capilla con un altar. Me meto en este espacio y me sumerjo en el recogimiento de la oscuridad. Pese a que hay otros visitantes, no son muchos y consigo abstraerme. Los espacios diáfanos relajan, la oscuridad permite el reino de lo sutil. Evoco imágenes en mi mente. Juego a abrir y cerrar los ojos momentáneamente. Las realidades, interna y externa, llegan a confundirse. El altar está ricamente ornamentado, pero la figura del buda apenas destaca: es diminuta y está centrada, aunque bastante oculta. El altar es como un mueble que puede cerrarse cuando llega la noche. Una guía con dos extranjeros empieza a narrar el uso de este espacio en los tiempos pasados. La señora de la casa se encargaba cada mañana de las ofrendas en forma de comida, agua e incienso, así como de encender una vela que se mantenía toda la jornada. Por la noche, regresaba para recogerlo todo, cerrar el altar y limpiarlo para el nuevo día. Cuando se van, me quedo un rato en postura de meditación zen. Sentado sobre las rodillas, manos en el regazo, palma izquierda por encima de la derecha, pulgares tocándose y ojos abiertos. Trato de permanecer en la sombra, cerrando las ornamentadas puertas correderas. Me voy de este mundo por un tiempo. La oscuridad y la sombra, más que asustarme o incomodarme, me permiten ver más allá. Contemplas más adentro para ver mejor la realidad exterior. No se trata de llegar a la caverna más profunda, próxima al sueño, sino de mantener un pequeño haz de luz indirecta; lo consigo dejando una rendija entre las puertas. Me quedo así un tiempo más, hasta que nuevos turistas aparecen. Hace poco que Japón ha abierto la entrada a los visitantes chinos después del COVID. Están por todas partes y son muchos. No obstante, esto de los samuráis no les interesa demasiado. Aquí han venido pocos, aunque como siempre ruidosos.

Continúo la visita y vuelvo a la luz. El jardín resplandece. Las nubes han dado paso al sol. Una cascada artificial recorre un tupido entramado de arbustos que mutan hacia el otoño. Tonalidades de verde a rojizo, pasando por el amarillo. Sonido de agua. La veranda acoge a los visitantes, que contemplamos absortos. Un cuenco recoge el agua para el uso de los humanos. Abajo, una poza para los peces. Campanillas meciéndose desde la cubierta. Unas grandes piedras sobre grava blanca marcan el sendero hacia una pequeña escalera. En el piso superior, dos discretas habitaciones han sido reconvertidas en casas de té. Son de planta rectangular con un gran ventanal desde el que poder contemplar el jardín. Silencio. Los turistas acelerados no llegan a este espacio. Pasan de largo. Una mujer occidental y su hija consumen un matcha ceremonialmente. Pregunto si puedo unirme y me responden con un «sí». La joven japonesa encargada del té prepara uno para mí. Me siento junto a ellas en posición de loto. Cuando me quedo solo, la japonesa, curiosa, me aborda. Le digo que soy de Barcelona. Sonríe y se ofrece a hacerme una foto. Sonrío, feliz. Al devolverme el móvil me pregunta por la perfección de mi postura. Le digo que soy profesor de yoga y se viene arriba. Ella también practica. Se llama Yuri, ha estado en España. Guarda buen recuerdo. Siguiendo el tópico me habla de Gaudí, por suerte no aparecen ni la paella ni las sevillanas, tampoco la sangría. Al final me quedo solo. Contemplo el bonito contraluz que llega del jardín; ilumina el verde del té matcha, que resplandece.

El matcha verde preside la bella ceremonia del té.
Contemplación, silencio y meditación.

Brillo en el canto de la cerámica. Se me iluminan los ojos mientras internamente regreso a la sombra. No podemos ser sólo esa apariencia que quiere ser radiante y mostrar su mejor cara; hay que poder ver la oscuridad. Nuestros entresijos más ocultos son reales: anidan en nosotros, portando karma o heridas. Da igual. Todo es bienvenido. Elogiar la sombra es aceptarse. En cuanto a los espacios, se trata de darles la posibilidad del misterio, de reinterpretarse y ser imaginativos. Los escaparates son para la fachada; la sombra, para esculpir la profundidad en todos nosotros.

6. «Minimal zen»

El valor de lo austero y de lo simple. La belleza en las pequeñas cosas. El gusto por el detalle. Todo esto forma parte de los preceptos del Zen, que estéticamente deriva en lo que conocemos como minimalismo, un movimiento internacional del arte surgido a finales de los años sesenta y consolidado durante los setenta.

La base del minimalismo es reducir, despojarse de lo superfluo y quedarse con lo esencial. El concepto deriva de la famosa frase de Mies van der Rohe: «Menos es más». El minimalismo crea los espacios desde la ausencia de decoración y la reducción de elementos al máximo. Blanco diáfano y puro, como debería estar nuestra mente, en paz y en calma. La depuración nos devuelve a la esencia una vez nos desprendemos de las numerosas capas, enseres y cachivaches que nublan nuestra existencia. Habitar un espacio *minimal zen* es un aprendizaje de vida, una experiencia reveladora desde la contaminación de un campo o marco en que permanecemos que modifica nuestro estado y paisaje interior. Sentarse a contemplar un jardín zen durante una hora, no dos minutos, sino detenidamente y sin prisas, nos da un sentido de por qué es tan importante simplificar. El Zen busca la espontaneidad del aquí y el ahora, quedarse en lo obvio y esencial, desde una mirada limpia, aguda y muy clara. El *minimal* es el espacio para lograrlo. Hay que reducir las necesidades al mínimo y atender a lo estrictamente esencial. La sencillez comporta ordenación, purismo, reducción y síntesis, entre otras características. Si trasladamos todas estas nociones estéticas a nuestra vida, lograremos avances importantes en la comprensión de quién somos desde una mirada profunda. El aprendizaje del autoconocimiento de uno mismo que los samuráis llevaban a cabo desde su arquetipo monje-guerrero atendía a estas cuestiones. No era preciso vivir en espacios *minimal*, sino contemplar los bellos jardines zen y aplicar las premisas estéticas de estos a sus vidas.

El minimalismo arquitectónico, pese a tener una paternidad occidental, le debe mucho a la arquitectura tradicional japonesa y su condición de eliminar barreras o paredes para abrir los espacios bajo una marcada premisa de horizontalidad. Asímismo, el concepto *wabi-sabi* se asocia directamente con el minimalismo, desde la valoración de las cosas modestas y humildes. *Wabi-sabi* es la belleza de las cosas imperfectas. Vendría a ser la apreciación estética de la evanescencia de la vida. El *wabi-sabi* valora lo intrascendente, lo oculto, provisional y efímero. El aprendizaje proviene de la observación de la naturaleza. El espacio vacío vibra de posibilidades, no se ve condicionado por la cantidad ingente de objetos decorativos o delimitaciones arquitectónicas impuestas.

El minimalismo zen enseña a vivir en la simplicidad, la naturalidad y la aceptación de la realidad tal y como viene. El espacio vacío es una invitación a que todo suceda. Por el contrario, las tradicionales arquitecturas contemporáneas, sean del estilo moderno basado en los muebles de esa multinacional sueca que todos conocemos, o más auténticas y personalizadas, tienden a sobrecargar e imponer un orden establecido. Es preciso despojarse del perfeccionismo y entrar en lo imprevisible e intuitivo. La belleza tradicional japonesa valora lo simple, sin artificio ni sofisticación. Hay un alma en las cosas que tan sólo podemos apreciar si las contemplamos profunda y esencialmente. Como dice el Zen: «Los que saben, no dicen; los que dicen, no saben». Lo mismo sucede en la apreciación del *minimal*. La nada ocupa la posición central tanto en la metafísica del *wabi-sabi* como en el Zen.

Las salas destinadas a las ceremonias del té son buenos ejemplos del minimalismo tradicional japonés. Espacios vacíos, con techos bajos, nula decoración, ventanas pequeñas, entradas minúsculas y tenue iluminación. Protagonismo en los detalles vinculados al servicio del té: las vasijas de cerámica, la tetera, su contenido, y poco más. Silencio, interiorización y ritual para templar el alma. La puerta se abre hacia otro lugar. Lo cotidiano se desvanece desde el agradable vacío en plenitud.

Tal vez, un espacio *minimal zen* no es para ser habitado de forma permanente, pero poseer en el hogar una casita de té en la que meditar y pasar tiempos de silencio es un privilegio. Si las dificultades económicas no lo permiten, igual se puede tener una pequeña estancia para este propósito. Sin llegar al caso de Marie Kondo y su magia del orden, es bueno ir limpiando nuestra casa de todo lo innecesario. Si aireamos nuestra vivienda y nos damos espacio, abrimos la puerta a lo nuevo que está por llegar. Lo que es fuera es dentro. Por eso, el minimalismo nos cambia el estado de ánimo y reduce el ruido de la mente.

De mí, no puedo decir mucho para bien porque soy un auténtico desastre con esto de vivir en espacios minimalistas. Me reconozco como acumulador compulsivo. Suena a excusa, pero la vida me ha hecho así. Probablemente, mi condición de historiador me ha llevado a esa obsesión por conservar, con la mirada puesta en el pasado, no siempre nostálgico, pero pasado, al fin y al cabo. He devenido una especie de conservador del patrimonio cultural bibliográfico de unos padres intelectuales que llenaban sus casas de libros de toda índole. Teatro, literatura hispánica, orientalismo, contracultura...; libros en francés, en inglés, en sumerio, latín, o lo que fuera. Ejemplares de segunda mano, robados en bibliotecas, prestados por amigos. No importaba, mis padres arramblaban con todo. Curiosamente, mi ilustre padre, que acabó de guardián de los libros, dirigiendo la Biblioteca Nacional de Madrid, fue detenido en California por robar ejemplares de la Universidad de Berkeley. De pequeño, en aquel pequeño piso de la calle Pérez Cabrero, donde teníamos al gran Gil de Biedma de vecino, sentía que abría la puerta y me metía en un libro. Así que cuán lejos me quedaba el minimalismo. Hoy, lo vivo con resignación, con más de la mitad de esa colección de libros metidos en cajas por todos los lugares posibles: el sótano de mi piso, el pajar del Pirineo... Mi vida es una caja de libros, aunque lo que me consuela es la tendencia que he desarrollado en los últimos años de estar en permanente mudanza. Eso me hace reciclar a menudo y, al menos, airear la colección de libros y estatuas orientalistas que colecciono de mis viajes. La verdad es que coleccionar es la antítesis del minimalismo, pero qué quieren, cada cual tiene sus vicios, y uno de los míos, además de los vinilos, son los cómics. Últimamente, me ha dado por cambiar sofisticadas ediciones francesas de mi progenitor por la colección completa de *El Víbora*. Que me perdonen mis ancestros, Montaigne y Baudelaire. Tomo mi relación con el *minimal* como una prueba vital de la que no logro salir. No avanzo pantallas y me parece hasta hipócrita escribir las líneas que preceden a estas, aunque espero que el lector comprenda mi situación. Somos humanos y, sí, no siempre predicamos con el ejemplo. Yo lo intento y encarecidamente, pero todavía no he logrado vivir en el minimalismo. Para el futuro de mi pajar en el Pirineo, proyecto una casa del té en su sentido amplio. Lo que iba a ser una biblioteca será un espacio amplio y diáfano, a ver si así purgo el karma de mis ancestros y avanzo en mi camino hacia el Zen. Necesito el orden y la disciplina de un samurái para lograrlo; soy perfectamente consciente. Espero poder llegar a esa conciencia sin nubes; ganarme algún día un cielo despejado si al menos no lo logro aquí en la Tierra. Hemos de poder conocernos a nosotros mismos, como decía el oráculo de Delfos o Sócrates, y seguir más allá. Buda y el budismo Zen piden que vayamos más hondo, hasta donde nuestro «Yo» comienza a fundirse. Esencialmente, el Zen puede liberarnos de nosotros mismos, de todo sentido de identidad. Así son sus espacios, depurados, simples y minimalistas. Un lugar de no identidad donde todo puede ocurrir. Dicen que, cuando eres feliz, empiezas a desaparecer.

> La gente vulgar pone la mirada en el exterior; los monjes la vuelven hacia el interior. Pero la verdadera práctica consiste en dejarse caer en el vacío. Sin embargo, la gente tiene miedo al vacío, pues no sabe que el vacío no es el vacío.[1]

OBAKU KUIN

Film: *La mujer en la arena* (H. Teshigara, 1964)

Película donde no aparece samurái alguno. La acción transcurre en algún momento del siglo XX, con un aire claramente postnuclear. Su minimalismo y sentido abstracto se muestran en la narración y en la forma más que en el tratamiento del espacio.

---

1. AA.VV. *Zen*, Kairós, Barcelona, 2005. p. 100.

Un hombre vaga por el desierto recolectando insectos. La imagen es de una soledad demoledora. La música, disonante. Todo bajo un tono existencial. Planos muy abiertos y el hombre solo en una gran inmensidad blanca cubierta de arena. Cae en el suelo y su mente esboza un monólogo sobre las relaciones entre los hombres y las mujeres. Unos individuos lo recogen y le prometen una guarida donde hospedarse. Lo llevan, en mitad del desierto, ante un gran agujero donde, increíblemente, hay una casa hundida cientos de metros, como si se la hubiera tragado la tierra. Allí, en las profundidades, mora una mujer con la que espera compartir una noche, pero sin darse cuenta queda atrapado en las profundidades con la mujer, en la arena. El hombre trata de escapar por su cuenta, pero ni trepando ni con ayuda de una pala puede hacer nada. Es un encuentro entre las sombras, bajo la desesperación del que no puede salir y se va conformando. Una habitación en penumbra con una mesilla de noche baja en el centro, tan sólo iluminada por una débil lámpara de aceite. El hombre trata de encenderse un cigarrillo. Minimalismo como forma de opresión, o tal vez como puerta a la libertad. La huida del mundo convencional donde nada parece tener sentido. El útero primordial, el vacío más profundo. La mujer cree que lo han enviado allí para que la ayude. Ella no tiene intención de salir porque ahí en la casa, en la arena, están enterrados su marido e hija. Cuando llegan las tormentas del desierto, con tremendas olas de arena que caen sobre ellos, el hombre va aceptando su encierro. Los movimientos de la casa evocan el pánico nuclear o el temblor de los terremotos. La pareja se protege, se abraza hasta que, con el contacto entre los dos cuerpos, llega el sexo. La música, sin embargo, vuelve a ser abstracta, disonante y estridente. La puerta de la casa deviene espacio de alucinaciones en composiciones minimalistas. Al final vienen a traerles agua, mas ella ya ha enfermado. El hombre consigue salir, pero la noche lo devora; perros que lo persiguen y haces de luz que lo acechan. Debe volver a su refugio con la mujer. Los hombres de la comarca no van a permitirle salir. Él pide, después de tres meses de encierro, obtener un permiso diario para ver el mar. La mujer está cada vez más enferma y él abusa de ella. Finalmente, vienen a recogerla y se la llevan con ayuda de una polea. La mujer en la arena ha abandonado la guarida. Sólo queda el hombre, vagando por la inmensidad del desierto, hasta llegar al mar. El viento, la naturaleza y la nada lo devoran. ¿Es esto la libertad o la cárcel más oscura? No hay respuesta. Antes de los títulos de crédito se informa de la desaparición de ese hombre casi sin nombre. Uno más entre los tantos que el Japón atómico devoró trágicamente. Pudo ser un *ronin* samurái por su soledad y ese sentido del vagar, aunque tal vez su sentido del honor no esté a la altura.

Hipnótica película que tuvo diversa repercusión en diferentes festivales del mundo y que ubicaron a Teshigahara en el panorama cinematográfico. Hay grandes documentales sobre el minimalismo, pero quien ha visto esta película no la olvida. Forma parte de mi educación cinematográfica y he querido compartirla, pese a no ser cine de samuráis. Es un clásico que expresa de un modo muy japonés eso que entendemos por depuración, esencia y sentido *minimal zen*.

Memoria de lugar: templo de Ryoanji

Me levanto un poco tarde. Es mi primer día completo en Kioto, después de haber llegado un sábado por la mañana al aeropuerto de Kansai-Osaka. Impresiona porque aterrizas en mitad del mar. De allí, en tren, se alcanza Kioto, en poco más de una hora. Es domingo. La parada de autobús de la avenida Shijo está llena. Un grupo de españoles se alinea torpemente en la fila, siguiendo las instrucciones de su guía. Ryoanji queda en la zona norte de la ciudad, entre los bosques y la universidad. Desde el centro son unas veinte paradas que se cubren en unos cuarenta minutos, dependiendo del tráfico. El autobús va a tope. Españoles y franceses. Les gusta lo brillante, así que, por fortuna, bajan todos en la parada del pabellón dorado. Sigo tres paradas más, hasta el pie de una de las universidades. Destino final. Tan sólo una profesora japonesa y yo. Bajamos del autobús. Andando a pie de carretera, aparecen algunos turistas alemanes. Entro en un café, el Yamanekoken, muy bonito, con una atmósfera *art déco*. Suelo de madera, mesitas redondas y cuadriculados ventanales que dan a un precioso jardín. Ahora lo recuerdo... estuve aquí hace quince años, en mi primera visita. Me tomo un café y medito acerca del paso del tiempo. ¿Quién era entonces? ¿Quién soy ahora? Es tan difícil estar en el presente. La mente se escapa. La nostalgia fluye. Todo es cambio.

Casi sin darme cuenta llego a la puerta del templo. Se pagan apenas 400 yenes, unos tres euros. Me recibe un estanque con nenúfares que en otoño no están en flor. La naturaleza respira y te abraza. Árboles frondosos y el típico jardín japonés. Todo es bello, mires donde mires. El suelo traza una extensa moqueta de raíces y musgo. Las escaleras de piedra marcan el sentido, flanqueadas por árboles. Mientras voy ascendiendo, se me abren las emociones y aparece la memoria de mi padre. ¿Cuántas veces hablamos de este lugar que nunca compartimos juntos? Es como si lo llevara conmigo en un diálogo profundo pero silencioso. Me asaltan las lágrimas y pienso en ese vacío fértil del Zen donde todo está bien. Nada ocurre.

El recuerdo me trae nuevamente a Alan Watts, en blanco y negro. Hace sonar el gong. Largo y profundo. Le venero y adoro por todo lo aprendido. Los ecos silenciosos del Zen nos enseñan a amar la naturaleza. Se me empañan los ojos, me quito los zapatos para entrar en el templo. No estoy solo, somos muchos, pero no lo siento. Estamos ante la *Mona Lisa* del Zen.

Guías que hablan, móviles que disparan. Pocos momentos de silencio. El espacio lo pide a gritos, pero la gente no calla. El jardín te lleva a observar y revelar. Pide silencio en el interior. Apaciguar el espíritu. Llegar al mínimo para alcanzar la paz. Los americanos lo veneran, otros lo desconocen. Cuando llueve, debe ser hermoso escuchar el crepitar del agua entre las rocas.

No se sabe quién lo construyó. Se dice que pudo ser un monje zen, llamado Tokuho Zenketsu, durante la Edad Media, allá por el 1500 d.C. Lo hizo de un modo anómalo. Nada que ver con los jardines palaciegos y de corte. Sin árboles ni vegetación. Apenas quince rocas sobre una grava blanca, con forma rectangular. Algo bien extraño en su tiempo.

La imperfección de lo antiguo llama mi atención. La filosofía *wabi-sabi* en su máxima expresión. Una vez caminas unos pasos, llegas a un porche exterior, con un lateral escalonado en el que sentarse a contemplar el jardín de rocas. Mágica reflexión de las piedras bajo la luz del sol. Tierra pétrea y ondulante. Hoy, el cielo está nublado, por lo que el brillo es tenue y sutil. La piedra blanca que domina el espacio rectangular representa el mar; la roca oscura, las islas y sus montañas.

El precioso *karensansui* del templo de Ryoanji, Kioto.

Los estudiosos apuntan que la geometría del lugar busca la proporción áurea: el número de oro, de Dios, la divina proporción que se corresponde con lo irracional, el infinito algebraico. Me siento a contemplar. Cinco estructuras rocosas están circunvaladas por una onda expansiva sobre el mar blanco de diminutas piedras. El resto sigue la forma longitudinal del rectángulo. Dos paredes protegen el mosaico del *rock garden* de los árboles que asoman por encima de una cubierta a media altura. La pátina de moho verde la cubre. Me fascina el color de las paredes. Marrón decolorado hacia un dorado increíble. Están hechas de cerámica hervida en aceite; de ahí que el tiempo las transforme día tras día. Todo es orgánico. Una mancha parece dibujar a un hombre andando con la mano en los bolsillos; debe ser la fijación, fruto de la meditación. La pared es tan bella como el jardín de piedra. La tercera pared no llega hasta el final, es más nueva. La cuarta es desde donde contemplamos, sobre unas tarimas de madera y una cubierta que protege de la lluvia. De pronto, vuelvo a la realidad, los pájaros han empezado una conversación que complementa a la guía que da explicaciones para unos millonarios de Dakota. El ruido percute a mi alrededor, pero trato de abstraerme porque es imposible que el turismo comprenda que aquí vive el silencio. El ruido va con nosotros. Los pájaros tienen otro nivel de conversación, más sutil, que no podemos alcanzar.

Aguardo el silencio, pero este no llega. Algo me dice que hay que buscarlo en el interior. Medito para aislar y profundizar. Parar el ruido, esa es la lección del Zen y el minimalismo en su esplendor. Vacío, página en blanco.

Ahora llegan los rusos, pero hay un japonés que se sienta a mi lado. Sin decir nada, me enseña a meditar. No hay que moverse, fija la atención en un punto. Foco. Abre tus capas e intégrate con el entorno. De pronto, siento los matices del brillo reflejado del sol que antes no percibía. Los pájaros regresan. El silencio se aproxima. Las cinco estructuras de roca están montadas sobre círculos de tierra con diminutos brotes verdes. El tiempo parece haberse detenido. Nada se mueve. La quietud del alma.

Pierdo la noción del tiempo hasta que me levanto y hago unas fotos para fijar la imagen en algún lugar. En un extremo, un occidental pinta el jardín en acuarela. Una pequeña multitud lo observa. Tiene talento. Lo observo y me quedo prendado. Unos pintan, otros escribimos; son formas de tratar de transmitir una experiencia inexplicable. El jardín es perfecto y orgánico.

Cada día, los monjes rastrillan su pátina para dejar el cuadro de rocas perfecto. A veces caen hojas, la lluvia tampoco lo desordena. Es la belleza de la perfección sin principio ni fin; lo que se construye y muta cada día. La naturaleza integra, depura y cobija la armonía del entorno.

Abandono el *karensansui* con una profunda paz interior: así es como llaman los japoneses a los jardines secos en piedra. El interior del templo alberga una exposición temporal sobre el dragón en las aguas. Está montada con austeridad y elegancia. Gran formato para unas pinturas que vemos con distancia. Paseo por la veranda exterior, mirando los árboles. Un grupo de chinos me echa del espacio. Tras unas compras de recuerdos gravados, salgo al mundo real. No tardo en dar con otro lugar mágico. Sigo en el recinto de Ryoanji. Me llama el agua de una fuente. Tras el estanque hay un restaurante templo. No hay turistas. Descalzo, suelo de tatami, espacio rectangular. Paredes *shoji* que dan al exterior abierto. La visión del estanque ajardinado. El sonido del puente de madera que cae para verter el agua. Tallas de bambú. Me acuerdo de *Kill Bill*, pero no siento una gota de violencia. Los sentidos se activan. Son ya las doce y estoy en ayunas. Aguardo la comida.

Llega una gran olla de cerámica con sopa de tofu y verduras, acompañada de cinco boles con arroz y verduras variadas de infinitos colores. Comida zen, vegetariana, de un restaurante que la red confirma como el Saigen-in. Una maravilla compartida en silencio. La señora del local sabe dos palabras: *pay first*. No debo ser el único turista llegado al lugar. No pasa nada. Todo está bien.

Cuando salgo, la lluvia empieza a calar. Es hora de recogerse. No dejen de visitar el templo de Ryoanji. Guarden silencio y, si no,

La mesa, esperando la comida saludable zen en el Saigen-in.

el silencio vendrá a su interior. La paz bien adentro es posible si nos depuramos hasta alcanzar esa esencia minimalista donde ya no queda más que la verdad desconocida e infinita. Juegos de palabras tratando de narrar una experiencia que conviene vivir. Al llegar a la calle, me viene a la mente ese bello monólogo de los amantes de *Hiroshima mon amour* (A. Resnais, 1959), pero adaptado a este lugar. Creo que nunca me fui de Ryoanji. Siempre estuve aquí. Uno siempre regresa y lo vuelve a descubrir.

7. El imperio de los sentidos

Japón es un lugar profundamente estético, un territorio donde la armonía reina en el paisaje y en el que los sentidos se activan ante la belleza que impregna todo. Desde la refinada presentación de su gastronomía, al ikebana, o arte floral, el cuidado de su cerámica y el ya citado minimalismo u organicismo de gran parte de su arquitectura, lo japonés es siempre sensorial, elegante y pulcro. Puede decirse que Japón es el reino de los sentidos de un modo completamente ajeno a como sucede en la India, donde la percepción se desborda en un caos incontrolable. El arte sensorial japonés liga más con el espíritu renacentista italiano y el hedonismo refinado que se desarrolló en la antigua China.

La contención, el silencio y la pausa dan pie al orden. Percibir las armonías de la naturaleza es uno de esos grandes entrenamientos para desarrollar los sentidos en una cultura que venera la naturaleza. Los jardines zen son pinturas sensoriales en tres dimensiones que cada día se limpian y depuran para que no pierdan nada de su esplendor. Quienes los visitamos reverencialmente y en silencio no podemos más que activar nuestros sentidos para que estos pulsen nuestra alma desde la emoción estética. Contemplar el templo de Ryoanji es, primero, una experiencia sensorial y, después, un sentir muy profundo difícil de explicar. La naturaleza habla, al igual que lo hace la arquitectura interior japonesa con sus materiales orgánicos o la depuración de unos espacios horizontales que remiten a la tierra. Educar los sentidos es toda una materia, un proceso de vida que la era del ruido amenaza. Por eso es importante preservar tradiciones, como esta, que provienen del hilo de los tiempos. La antigüedad clásica, desde Egipto, Grecia o Roma, supo cultivar los sentidos, los placeres de la carne y las formas de placer más hedonistas que más tarde la religión prohibió. El monoteísmo del Dios único fue represor porque los sentidos y el placer escapaban a su control. El ser humano podía soñar en el paraíso terrenal y había que «culparlo» con el purgatorio y el infierno. Por el contrario, las religiones profanas y primitivas siempre han creído en lo sensorial y su contemplación o la expresión como forma mística.

Ciertamente, puede haber en el carácter japonés una frialdad, distante y contenida, pero rituales como la ceremonia del té o la práctica de los baños termales, *onsen*, demuestran un refinamiento y un cuidado sensorial extremo. El culto al cuerpo existe, al igual que la tradición nos habla de esas *geishas* que fueron la apoteosis del placer. Hoy, en un mundo igualitario y de sexualidades compartidas, no tienen lugar por el machismo inherente, propio de la sociedad japonesa, entre otras. No obstante, cultivar los sentidos mediante masajes, los baños, los placeres del paladar o de la carne, la pintura, la música, la poesía u otras artes es un bien universal.

Si nos remitimos a los samuráis, podemos hallar a quienes cultivaron la poesía o alguna otra expresión artística, aunque esto no fuera su fuerte. Como tal, el samurái es una figura ruda y guerrera que cultivó los sentidos para la lucha, leyendo el entorno que lo rodeaba para sensorialmente comprender situaciones y desarrollar estrategias. Un poco como el indio norteamericano hacía, en su fusión e integración con la naturaleza. Los sentidos te permiten comprender el medio natural, y desde ahí ganas la batalla. Asimismo, existió el descanso del guerrero junto a mujeres u hombres, y la práctica de relajarse en un baño *onsen* ha subsistido hasta nuestros días. Hoy, los grandes hoteles y *ryokans* japoneses acogen a altos ejecutivos que pasan la primera parte de la mañana sumidos en el placer de las aguas. Así lo pude comprobar cuando fui a Kioto la primera vez. Un gran hotel dedicaba las dos plantas inferiores a baños *onsen* y piscinas de todo tipo donde los japoneses rompían el tópico del culto al trabajo. Relajarse bien prepara para la jornada y nos vuelve menos reactivos, al igual que hace la meditación. El samurái conocía estos aspectos y, en su disciplina, incluía prácticas como estas que pudieran templar sus nervios. No todo está en la mente. Si cerramos las cortinas de la película mental, los sentidos empezaran a activarse. Cuando uno está en Japón, casi todo lo que percibe es armonía, incluso en los retretetes que, sin duda, son los más refinados del mundo.

En cuanto a mí, jamás he renunciado al placer sensorial: desde los años en que estuve fumando hachís o marihuana para ampliar las puertas de la percepción, o cuando, ya más adulto, perfeccioné mis artes amatorias que se fueron integrando con las virtudes culinarias, el refinamiento del paladar enológico y otras cuestiones propias de la madurez, en el mejor de los sentidos. Me encanta crear una atmósfera cuando estoy con la mujer que amo y también cuando paso por las etapas de seducción. Si estoy en una relación, siempre busco que la magia no se acabe. Impedir que el aburrimiento y el tedio apaguen la pasión y ese imperio de los sentidos que nos abraza mágicamente. Entiendo, porque estuve dieciocho años con la misma mujer, lo que sucede en el matrimonio y las parejas de largo recorrido. Creo que no están condenadas a aburrirse si cultivan las artes amatorias y sensoriales, bajo el misterio de dejarse llevar por el imperio de los sentidos. Al contrario, las admiro. Hay que ser creativos, curiosos e inquietos, aunque no es preciso llegar a desenlaces como el de la película que a continuación comentaremos.

Estar con los sentidos bien abiertos y pulsar lo sensorial continuamente es una forma de vivir. No siempre estaremos en la belleza y armonía, porque podríamos morir de agotamiento o de exigencia, pero como actitud es un camino nada desdeñable.

Desde el Zen más puro se rebatiría este argumento por estar reñido con la austeridad y el despojarse del deseo. El *iro gonomi*, o lascivia, como podríamos traducir este término japonés, puede entenderse como una bajeza dentro del código samurái. No obstante, dentro del cuidado propio, el sexo y el hedonismo no quedan desterrados. Cultivarse, atender al cuerpo y sentir el placer de los sentidos es una actitud de refinamiento propia de un samurái modernizado. En su periodo clásico hubo mucha homosexualidad y también trato con *geishas*, dependiendo del rango de cada uno de los samuráis. Estas eran propias de las castas altas. No todo samurái se las podía permitir. Modelos de guerreros como Miyamoto Musashi, que acabaron prácticamente fuera de este mundo en sus últimos días, serían ejemplos de castidad. Por lo demás, la mayoría de los samuráis fueron mortales en este ámbito del sexo y el placer. En última instancia, el deseo sexual servía para producir herederos y aplacar la lujuria. Ante la promiscuidad sexual, la atención se focalizaba en evitar enfrentamientos y la excesiva pérdida de energía vital.

Como plantea Kaiten Nukariya en su excelente libro *The religion of the samurai*, «los hombres longevos nunca llevaron los problemas a sus lechos». Ni en un sentido físico ni tampoco mental. La disciplina samurái implica entrenar la mente para alcanzar estadios de reposo y profundo vacío, más allá de cualquier pensamiento, placer o sentido. Como sólo puede encadenarnos nuestro propio deseo, en

Shikiyoku («lascivia»).

los asuntos sexuales o amatorios podemos dejar llevarnos, siempre y cuando podamos salvaguardar nuestra libertad. No podemos ser esclavos del placer, ni estar en esa contemporánea búsqueda de placeres inmediatos. El imperio de los sentidos es una bella y larga senda que recorrer si se actúa con vehemencia y maestría. De lo contrario, lo irracional puede apoderarse fatalmente de nuestro destino.

Film: *El imperio de los sentidos* (N. Oshima, 1976)

Película de culto, prohibida en España y otros países durante muchos años por su alto y explícito contenido sexual. En Japón no pudo verse hasta el año 2001. Su difusión fue posible gracias a ser una coproducción francesa.

Las virtudes del film residen tanto en lo formal como en sus contenidos. A nivel narrativo, destila modernidad al presentar, de forma contundente, el ardor sexual de una mujer más allá del machismo tradicional. Aquí es la mujer la que lleva las riendas de una historia de amor prohibida que escala desde unos primeros e inocentes juegos amatorios hasta unos niveles donde eros y tánatos se encuentran. La belleza de las imágenes es sublime, con unos paisajes nevados que envuelven los cálidos y tórridos interiores. Todo es armonía en un amor desmesurado y apasionado. Los silencios hablan. Los cuerpos se tocan. Poco a poco, el estrangulamiento acompaña al orgasmo. La antigua *geisha* se entrega a esta relación prohibida con el propietario del hotel donde trabaja. Cuando él se ve atrapado por la historia, ya es demasiado tarde. Ella no va a dejarle salir del círculo de deseo tan fácilmente. La locura se apodera de ellos: Kichizo, que es un mujeriego empedernido y que ahora se encuentra más allá de los límites del placer, y Sada, una antigua prostituta, que halla la plena satisfacción sexual. Los sentidos rigen, mientras sus cuerpos se encadenan hacia la más elevada de las pasiones. No hay control del deseo, ni culpa ni represión. Este sentido de libertad es el que hará de la película un hito generacional, un film que sigue llenando las salas cuando se repone. Así lo recuerdo, en la filmoteca de la Universidad de California en Berkeley cuando pasé unas breves semanas acabando mi tesis. No podía creer semejante cola para ver esta película un martes cualquiera del mes de julio. El deseo nos llama, y ese espíritu de poder enajenarse y salirse de las normas resulta fascinante. El trágico desenlace, que no desvelaré para aquellos lectores que no lo hayan visto, no lo querríamos para nuestras vidas, pero es consecuencia inmediata de las leyes no escritas de la pasión. La lujuria, la locura y el placer de los sentidos se tocan.

La película se basa en unos sucesos reales que ocurrieron en 1936. No implica a ningún samurái, aunque sí a una *geisha*. El film rompió todos los tabús, convirtiéndose en un clásico del cine asiático y de esa particularísima sexualidad del pueblo japonés. No es preciso poner etiquetas, ni poner códigos de moralidad. Tan sólo dejarse llevar por la belleza de sus imágenes y la cadencia de su tiempo fílmico. Cine lento, contemplativo y de la percepción.

El montaje final se hizo en Francia, por lo que mantuvo las secuencias de pornografía o sexualidad explícita. Hoy, el país nipón sigue emborronando los órganos sexuales de los intérpretes. En pleno siglo XXI, su propuesta puede haber envejecido. Vista dentro de un contexto es una película muy rupturista, apta para contemplar esta estética del placer de los sentidos como algo propio a *mushin*. Dejar la mente y actuar desde otros niveles. Esos que el tantra hindú ha defendido igualmente desde una tradición milenaria. Somos cuerpo, instinto y también espíritu. El gozo es nuestra materia primordial. El problema es que lo olvidamos y lo revestimos de intelectualismos, moralidad y culpa. Hay que seguir unos preceptos, moralidad y forma de conducta, pero eso no impide que el placer de los sentidos pueda habitarnos de una forma libre y sana. Después de tantos años, la sociedad parece avanzar hacia estas posiciones gracias a películas como esta.

Nagisa Oshima, junto con Shohei Imamura e Hiroshi Teshigara, formó parte de esa Nueva Ola del cine japonés que revolucionó la industria con películas tan atrevidas como brillantes. Nunca se casaron con la convención y filmaron para rebelarse ante la moralidad establecida. Esa es otra forma de ética samurái: la que tiene que ver con el coraje y la lealtad a unas creencias propias. La transgresión fue el motor creativo de Oshima, quien, además de al sexo, se vinculó también a la violencia como medio de protesta.

Memoria de lugar: barrio de las *geishas* Higashi Chaya, Kanazawa

Antes de acudir al barrio de las *geishas*, he entrado en un *grill*. Como carne después de muchos días comiendo pescado. La acompaño con una ensalada bien aliñada, arroz blanco y una cerveza Asahi. Mis sentidos se despiertan, especialmente el olfato, que añoraba ese olor a parrilla. Tras una breve pero indispensable siesta, me dispongo a salir. La mañana me ha tenido muy entretenido con el barrio samurái de Nagamuchi que he descrito en un capítulo anterior al hablar del elogio de la sombra. Para ir en busca de las *geishas* espero al anochecer. Literalmente no es que vaya a por ellas; me contento con percibir el aroma del lugar. Soy consciente de estar, una vez más, ante un mito, pero es que me encantan, no lo oculto. Algún lector se preguntará qué tienen que ver las *geishas* con los samuráis. Mucho, aunque también podría ser nada. Igual se me está empezando a pegar ese espíritu juguetón y contradictorio del Zen, donde el blanco y el negro pueden ser una misma cosa. La cuestión es que *geishas* y samuráis compartieron película o, al menos, periodo histórico. Ambos podían ser sostenedores sociales, aunque de diferente modo. No discutiremos quién fue más o menos, pero sí aclararemos que ellas pudieron ser igualmente heroínas. A diferencia de los samuráis, han sobrevivido, aunque sea de forma edulcorada. Todavía hoy los hombres de negocios japoneses pueden cerrar una jornada con una cena de *geishas*. Conviene precisar que no son prostitutas que comercian con su cuerpo, sino damas de compañía educadas de una forma exquisita que fascina a su clientela. En culturas como la nuestra, se vería como sexismo machista anclado en el pasado. Explotación de la mujer como deseo caprichoso del hombre. Quimono, piel blanca, pies diminutos y gran sumisión ante la voluntad masculina. Al menos, ese es el trato. Después, lo que sucede, más allá de los encuentros mediáticos para turistas, sólo lo saben sus protagonistas. Estos son sólo posibles en Japón, desde su tradición y costumbres. En el resto del planeta, las cosas funcionan de otra manera. No tienen que ser mejores o peores; simplemente, diferentes. En el contexto de este libro, interesa narrar que los samuráis y las *geishas* tuvieron un vínculo. Sus vidas estuvieron entrecruzadas y, como nos recuerda el kanji *shikiyoku* que presentamos en la ilustración (pág. 159), la lascivia fue algo a lo que el samurái debió enfrentarse en su entrenamiento. Una cosa es disfrutar moderadamente de los sentidos y otra sentirse arrastrado por ellos, como ejemplifica la película que acabamos de comentar.

Para llegar al barrio de Higashi Chaya, debo cruzar el centro de la ciudad y avanzar ligeramente hacia el noroeste por donde el sol se está poniendo. Llego a un gran puente que cruza el río Asanogawa. Me detengo a contemplar las montañas al fondo del valle. Un conjunto de casas de madera de baja altura se ubica de una manera ordenada junto al río. Cubre una extensión relativamente importante, protegida por la falda de una ladera. Parece que estoy de suerte, los turistas van de salida, en dirección contraria a la mía. Las tiendas han cerrado y su interés decrece. Tal vez sea hora de cenar. El caso es que me encuentro con el barrio bastante vacío. Por el aspecto de los escaparates, veo que la globalización llegó aquí hace tiempo o, al menos, ese gusto del turismo de masas y local que serializa el tipo de comercio. Básicamente, tiendas de dulces en todos los formatos.

Al meterme por una de las calles, entro en un templo al que nadie le hace caso. Es el de Enchoji. Está vacío y aprovecho para meditar un rato, esperando a que caiga la noche; sentado en el tatami, frente a un altar que combina plata y oro de forma recargada; choca con la habitual sobriedad japonesa. Es un templo budista que alberga los restos mortuorios de lord Toshitgune, quien, al parecer, se detuvo muchas veces en este lugar de camino al monte Utatsu. Donde acaban los dorados, en una hornacina, un buda de pie eleva una de sus manos. Escucho cómo un monje barre la entrada. Al acabar mi espacio de meditación nos observamos. Al salir, le hago una reverencia en agradecimiento. Me responde bajando la cabeza tres veces. Ya en la calle, las luces de la ciudad son de un naranja cálido e intenso. Quedan todavía brotes azules en el cielo. Casas bajas de madera. Puertas correderas, ventanas con listones verticales. Secretos ocul-

Geisha en el barrio de Higashi Chaya, Kanazawa.

tos que trato de desvelar. La longitudinal perspectiva me absorbe. El punto de fuga me lleva, pero quiero detenerme, contemplar los detalles. Empiezo a sentirme en una de esas películas de Wong Kar-Wai. Estoy entrando *In the mood for love* (2000). Sus fotogramas vienen a mi memoria cuando aparece una *geisha* con un precioso quimono verde. Lleva un paraguas en la mano para proteger la pureza de su piel del sol. Es mayor, mirada baja. El pelo recogido. Pasos pequeños, gestos gráciles. Abre una puerta y penetra en el interior. Me imagino una historia y la construyo en un *reel* para Instagram.

Las calles vacías, siguiendo a una *geisha*. Farolas ambulantes que dibujan la pátina del tiempo. Estelas en la noche. Me adentro por estrechas callejuelas buscando el sentido del placer. Acompaño a una pareja de transeúntes que se aman. Son dos hombres, vestidos como una *geisha*. Son tan elegantes que emociona. Sensibilidad y buen gusto que rompen las convenciones de largas épocas de represión. El imperio de los sentidos sigue existiendo mientras haya en el planeta personas que se entreguen a las caricias y el cuidado del placer. Aquí no hay intelecto, ni convenciones ni moral alguna; sólo libertad. Camino como un vagabundo en la noche. Libre, ajeno a todo, fascinado por los colores de un crepúsculo que, ahora sí, ha traído la noche. Siento que me pierdo. Pienso en mi pareja, en tenerla junto a mí para compartir momentos como este. Entonces, me doy cuenta de mi tránsito, mi momento vital, mi libertad. Tal vez era necesario que viniera aquí para aprender a estar solo. Los caminos del amor son arduos. Me siento como un trovador silenciado que no quiere acallar su voz. El viento sopla en mi cara, empujándome a un vacío de plenitud. El barrio de las *geishas* confluye en una ladera. Está llena de templos. Querría meterme en cada uno de ellos; lo hago tan sólo en el primero. La responsabilidad y el hambre me impiden seguir. La noche es oscura. Aquí no hay peligro alguno, pero el viaje debe seguir. Linternas en la noche, farolas en tonos escarlata, fachadas de un verde decolorado y decadente. Belleza infinita. En mi mente, esa romántica melodía llamada *Yumeji's theme* de Zhaung Tai Bao Xi. Paz, deseo, libertad y ternura, a partes iguales. Anhelamos y deseamos constructos de la mente, personas que sólo existen en nuestra imaginación. Princesas destronadas que nos devuelven a la realidad. El problema es nuestro por construir castillos en la arena. Tal vez sea más fácil entregarse al hedonismo sensorial. Cuerpos liberados. Sudor en el estío. Ardor en la nieve. Mi salida del barrio de las *geishas* entremezcla lo fílmico, la realidad y mis anhelos. Es como un sueño de placer. Me gusta componerlo y moldearlo en mi soledad alcanzada. El sonido del río me arrastra. Al fondo reaparece la realidad con sus barrios más anodinos. Todavía me resisto a regresar a ella y, cuando, cruzado el puente, veo una estrecha avenida con árboles, sigo su curso. Hay luz en las ventanas superiores que lucen como escaparates de suntuosos e íntimos restaurantes. Entro en uno de ellos. Nadie responde en la planta baja. Miro alrededor y veo un cartel diminuto que lo distingue como espacio de cenas privadas con *geishas*. Mito y realidad confluyen. Pienso en el negocio del turismo, pero no puedo resistirme a espiar lo que sucede arriba. Con mirada *voyeur* veo una *geisha* de espaldas. Quimono de seda, en el color de las cerezas. Se da la vuelta para mirar un momento hacia fuera. Labios intensos. Mirada ardiente. Siento que me mira y despierto de mi sueño. Un grupo de turistas guiados por un móvil parlotea a gran volumen. Los dejo pasar, esperando el retorno del silencio y la oscuridad. Me siento vampiro, alma en pena, fantasma sensorial. Querría quedarme en esta vida como un espectro en un anhelo permanente. El placer de los sentidos, la cuna de esa cultura mediterránea de la que procedemos y, a veces, olvidamos. Japón no perdona en su exquisitez. Podrán ser reprimidos, sexualmente inquietantes o incluso perversos, pero quién somos para enjuiciarlos. Las culturas se expresan al igual que los cuerpos deben hacerlo. El samurái vive en la contención y la disciplina, atendiendo a su cuerpo. No sólo hay tiempo para el fragor de la batalla y los duelos a katana; el deseo de la carne también existe. La mujer que ansío en mi presente está a más de diez mil kilómetros de distancia, pero la siento a mi lado. Conversaremos en la noche. Incluso nuestros cuerpos serán capaces de encontrarse en las libres dimensiones de los sueños. No todo es el contacto físico para llegar al imperio de los sentidos. Este puede ser el aprendizaje de mi experiencia por Higashi Chaya, que acaba en una divertida barra japonesa, comiendo *sashimi* y la variada comida local servida por una extravagante mujer nipona. No habla ni media palabra en inglés o cualquier idioma que no sea el suyo, pero las parejas de turistas se agolpan fascinados. Acabamos todos brindado entre sake y *selfies* compartidas. La alegría de vivir. El placer de los sentidos. Siempre podré decir que una vez estuve aquí, en un sueño revelado en el que los sentidos me alcanzaron, más allá del sexo y la lujuria.

8. Intuición y espontaneidad

La chispa, o espontaneidad, es ese estado de mente sin mente, *mushin*, en el que el artista conecta con la fuente y obtiene la inspiración. La pura creatividad viene así de un lugar desconocido, como un *darshan*, o revelación, que inspira la obra artística en el instante. La búsqueda del presente puede obtenerse desde cualquier práctica artística que tenga que ver con la espontaneidad. La más popular de ellas es, sin duda, el haiku o poema breve e inmediato japonés. Igualmente, la caligrafía de *kanjis* que acompaña este libro, gracias a la colaboración de mi amiga y colega María Eugenia Manrique, lo certifican. El trazo surge desde la concentración y la atención total al momento presente. Desde ahí, aunque exista un plan, como dibujar el círculo del *enso* o el *kanji ku*, que significan vacío, la mano fluye en espontánea libertad. El trazo se ejecuta de manera libre y de una sola vez. No hay corrección, al igual que sucede con la acuarela.

Las artes de la inmediatez son una gran escuela para desarrollar la intuición y la capacidad de estar en el presente; una cosa lleva a la otra. Cuando pienso en pintores de la espontaneidad, siempre voy a ese vínculo entre Van Gogh y Jackson Pollock. Su pintura puede ser muy distinta, desde el estilo figurativo del primero y la abstracción del segundo, pero comparten expresividad. Su gesto espontáneo es lo que da fuerza a sus pinturas. El Van Gogh de la última época, el de *La iglesia de Auvers* (1890) o *Los cuervos sobre el campo de trigo* (1890), es pura fuerza interior manifestada en el instante y que permanece grabado para siempre. Constituye la instantánea fotográfica de su estado de ánimo. Las grandes composiciones de Pollock, creadas como *action painting*, son el testimonio de una psique tan intensa como brillante. Si nos dejamos llevar por la intuición y la espontaneidad, el arte se sale del plan. De pronto, las cosas suceden y la creatividad se expande hacia zonas desconocidas. Mucho tiene que ver con el entorno y la cuántica del espacio en el que estamos. Por eso, los poetas haiku van a la naturaleza para entrar en comunión con ella. De este modo, la naturaleza sagrada deviene fuente de inspiración. El artista vacía su mente de contenidos, planes y prejuicios, dejando que la inspiración le alcance. Esto mismo hacían los artistas del Romanticismo europeo.

El haiku está compuesto por versos de cinco, siete y cinco sílabas. La brevedad de las estrofas permite que la sombra del pensamiento no alcance a la espontaneidad. Una técnica que también desarrollaron los escritores de la generación *beat* mediante la técnica de los *cut ups*. Esto consistía en una forma de prosa espontánea que se articulaba de forma inmediata y sin correcciones. No importaba ni la métrica ni la perfección formal, tan sólo la fluida sonoridad y la inmediatez. Kerouac escribió su esencial *On the road* (1957) sobre un rollo continuo de papel durante toda una noche. Así, su narración autobiográfica brotaba de forma espontánea de principio a fin, sin necesidad de articularse mediante un nudo, planteamiento y desenlace. La espontaneidad aporta realismo a la narrativa, lejos del consabido academicismo de la estructura en tres actos. Tanto la intuición como la espontaneidad son sendas hacia la libertad.

D. T. Suzuki, en su fundamental *El zen y la cultura japonesa*, que hemos mencionado en diversas ocasiones a lo largo de este libro, expresa que el Zen siempre antepone la intuición al intelecto, dado que esta es la vía más directa para alcanzar la verdad. Lo auténtico brota en la espontaneidad. El Zen nos enseña a no mirar atrás una vez los acontecimientos han manifestado su curso. Puede ser considerado como una religión del poder de la voluntad y la determinación, en la que el pensamiento debe ser iluminado por la intuición. Su finalidad es alcanzar el *satori*, que no es tanto la iluminación, sino una mirada intuitiva sobre la naturaleza de las cosas. Abrirse a este estado supone un cambio vital y, si hablamos de arte, adentrarse en una nueva concepción estética. Se trascienden las limitaciones del pensamiento racional. La conciencia alcanza un estado de vacuidad donde la intuición puede brotar. Si no dejamos ir y soltamos, no hay espacio para nuevas cosas. Se trata de adquirir un estado de libertad que dé espacio a nuestra creatividad y los impulsos más benevolentes inherentes a nuestro corazón. Cuando acallamos la mente y permitimos la chispa de la intuición, el corazón también resplandece. Esto no puede ser expresado llanamente en palabras. De ahí la forma simbólica de la poesía haiku, de la cual Basho fue un ilustre renovador y Ryookan, un digno sucesor. El haiku nació como poema suelto, inspirado en estados de *satori*, un aquí y ahora que comprende todos los instantes; un momento de revelación del universo entero. Para conectar con lo intuitivo, el individuo se conecta con la fuente, el Uno primordial del que procedemos. Como dice Octavio Paz en el prólogo de *Sendas de Oku*: «La cima del instante contemplativo es un estado paradójico: es un no ser en el que, de alguna manera, se da el pleno ser».[1]

De otra parte, es importante no confundir intuición y espontaneidad con precipitación. Hay que mantener siempre el foco, aceptar la duda

---

1. Matsuo Basho, *Sendas de Oku*, Atalanta, Girona, 2014, p. 48.

como parte del campo que nos rodea o como condicionante interno y practicar esa conciencia sin elección de la que habla Krishnamurti. La intuición aparece en un estado vacío, entre la cadena de pensamientos. En mis clases de yoga o meditación explico que la inspiración me aparece en la ducha, cuando, en la mañana, estoy todavía aletargado. Bajo el agua, *flashes* sin sentido asaltan mi mente. Lo más difícil, una vez estos *insights* aparecen, es hacerles caso. Pronto, la mente racional surge para sabotear cualquier forma de intuición. Las creencias limitantes, la baja autoestima, los prejuicios y nuestro código moral son condicionantes a veces insalvables. Desde el triunfo de la razón, reprimimos la intuición y los instintos. Esto, probablemente, sucede desde el Renacimiento. Son ya muchos siglos condicionando nuestra forma de crear, pensar y relacionarnos. Habría que activar el automatismo espontáneo que preconizaban las vanguardias artísticas; aquel culto a la no razón y la libre espontaneidad de dadaístas y surrealistas.

En mi caso, la búsqueda de la intuición ha sido una constante desde mis años de profesor de arte y lenguaje cinematográfico en la escuela de cine ESCAC. Formando a futuros cineastas te das cuenta de la importancia de la forja del estilo. Todo está inventado. Los argumentos son universales; por tanto, la base de la creatividad reside en cómo contamos las historias. Nuestro único y exclusivo punto de vista. Esto puede proceder de la mente racional, pero la intuición es el gran camino para conectar con la esencia personal: lo que el corazón nos dice, la expresión del alma. Si no, la mente lo pule todo. El libre albedrío de la espontaneidad es muy necesario. Después de enseñar a lo largo de los años las bases de la narrativa cinematográfica con la consabida estructura en tres actos y la matemática de insertar puntos de giros, conflictos, objetivos, crisis y clímax en las historias, uno comprende que quiere ser libre. Puede haber un orden, pero también chispas de intuición que iluminan historias más originales. Igualmente, cuando las ideas sobre qué crear no alcanzan, ante el miedo a la página en blanco, es bueno ir a la naturaleza o a un entorno que nos guste para dejarnos llevar por la intuición. Esta no se fuerza, pero se entrena, como la memoria.

También rodando documentales, como *Rubbersoul* o *Railway to heaven* (ambos disponibles en Filmin), me di cuenta de la necesidad de improvisar y dejarme llevar por la intuición. En el documental, y sobre todo estando de viaje, las cosas cambian completamente. El plan desaparece, así que no queda más remedio que adaptarse, vivir el presente y tomar decisiones desde la intuición.

Incluso en esto del ansia de vagar como viajero empedernido, se aprende mucho si uno sabe escuchar su mente intuitiva. Dónde no ir, qué corregir, las fechas seleccionadas... Un buen sentido de la intuición puede ahorrar muchos problemas. No hay que tener miedo. Por ello, animo a cualquier lector a practicar y seguir la intuición durante al menos una semana. Transcurrida esta, pueden observarse los resultados. Seguro que no nos ha ido tan mal.

Ser espontáneos no sólo nos hace libres, sino más auténticos. En yoga, esto también es algo que se practica. El popular entrecejo, o tercer ojo, no es más que el *ajna* o chakra de la visión intuitiva. Para estimularlo es preciso meditar o practicar posturas que activen la circulación en la glándula pituitaria o hipófisis. La intuición no es algo mágico, ni para activarla es necesario ser un místico elevado. Tan sólo hay que persistir, creer en ella como una parte de nuestro cerebro que tenemos adormecido después de tantos siglos enamorados de la razón. Prácticas como escribir haikus, pintar acuarelas o en tinta, todo aquello que nos venga a la mente puede ser suficiente.

Por no hablar de la espontaneidad en la música, algo que los músicos de jazz conocen bien, o todo aquello que conocemos como *jam sessions*. La libre improvisación que ha dado lugar a obras maestras como *Kind of Blue* de Miles Davis, o tantos otros.

El eremita Ryookan (1758-1831) puede servir de inspiración. No fue un santo ni un místico, simplemente un loco divertido que jugaba con los niños y acabó viviendo solo en una cabaña donde colgó sus poemas escritos a mano por el techo y las paredes.

La inteligencia y la razón se han desarrollado desde el Renacimiento, la vida se ha intelectualizado, pero... ¿dónde está la sabiduría?

Libro: *Los 99 jaikus*

Los poemas breves de Ryookan son un canto a la espontaneidad. Retazos de un instante breve sellado en el haiku. Naturalidad sin artificio. Las estaciones del año comprendidas en un poemario de un hombre que no fue monje, pero practicó una intensa espiritualidad desde su retiro en la naturaleza. Nacido en 1758, como Yamamoto Eizoo; segundo hijo de una ilustre familia de samuráis, no quiso seguir la tradición de los Tachibana. Como varón primogénito estaba destinado a continuar el camino de su padre como persona oficial que incluso llegó a ostentar el título de alcalde. A los dieciocho años ingresó en el monasterio zen de Kooshoo-ji, en Amaze, un pueblo costero cercano a donde había nacido. Al conocer al maestro Tainin Kokusen, le siguió y se instruyó en el Zen y la poesía clásica china y japonesa. Al morir este, peregrinó por distintos templos y, finalmente, se refugió como eremita en lo alto del monte Kugami, desde donde podía ver el mar y tenía próximo el pueblo de Izumozaki. Así vivió en una humilde cabaña durante más de veinte años. Desde ahí podía acudir a meditar al cercano templo de Kokujo de la escuela Shingon. Pese a que Ryookan era practicante del Soto Zen, no tuvo ningún problema. Como Thoreau con su Walden, este poeta y eremita japonés se pasó la vida mendigando y entregado al *zazen*.

Hombre libre al que le gustaba contemplar la naturaleza, quiso vivir sin ataduras, escribiendo caligrafía y poemas. Escribió *waka tankas* de formato más extenso y estos 99 haikus que narran lo que sucede.

Hierbas de otoño,
ganas de mirarlas,
hasta que escarche.

Viento de invierno.
Pasa un caballo, un hombre
mirando al frente.

En torno nuestro
Son flores de cerezo
el mundo entero.

¡Montes en flor!
Y un grito: *sake, sake,*
Llegar del bosque.[2]

---

2. Ryookan, *Los 99 jaikus*, Hiperión, Madrid, 2006, p. 111 (trad. Teresa Herrero y Jesús Munárriz).

Este cronista del instante natural sigue siendo muy recordado hoy en día. Gogoo-an, donde está enterrado, es una popular ruta de peregrinación en la actualidad. Como se comenta en la introducción de este poemario, cuando el escritor Yasumari Kawabat recibió el Premio Nobel en Estocolmo (1968), quiso leer un poema de Ryookan, al que tanto admiraba:

> Me gustaría
> dejar algún recuerdo;
> en abril flores
> cucos en el verano
> hojas de arce en otoño.[3]

Ryookan fue un hombre austero y refinado cuya popularidad ha ido creciendo. Hoy, las ediciones de su obra más famosa son múltiples, tanto en castellano como en otros idiomas.

El haiku como organismo poético y complejo es una forma de condensar la realidad en un instante. Para ello hay que tener la mente muy en calma y vacía de contenidos; hay que decir mucho con poco. El silencio de los bosques son un buen entrenamiento para dar significancia a la palabra; sin abusar de ella. Sensaciones y toda la práctica de la contemplación concentrada en un breve poema. Asombro primitivo de lo que ocurre en la naturaleza. Matsuo Basho, a quien tratamos en el siguiente capítulo, fue el monje budista que popularizó el haiku en Japón. Vivir en el ahora, sentir la devoción por la naturaleza o el valor de la espontaneidad son algunos valores que podemos extraer de lecturas como esta.

---

3. *Ibid*. Citado en las notas introductorias de *Los 99 jaikus* por Teresa Herrero y Jesús Munárriz.

Memoria de lugar: templo de Daitokuji, Kioto (Daisen-in)

El Daisen-in es mi *dojo*, o mi templo, en Kioto. Aquí vengo a meditar siempre que puedo: por la tarde los fines de semana; a las cinco, cuando se van las visitas y el día acaba. Llegar con la última luz, meditar una hora en un espacio del siglo XVI, pasar por su hermoso jardín seco y salir cuando ya ha caído la noche no sólo templa la mente, sino que es un placer para los sentidos.

Daitokuji es un gran complejo de templos en activo. Probablemente de los mayores en Kioto y, junto con el Kenchoji de Kamakura, es el lugar más importante del Rinzai Zen. Esta vertiente es la que practicaban los samuráis mayoritariamente. No obstante, la escuela Soto Zen es la que hoy cuenta con más practicantes en el mundo.

En Daitokuji, además del *hombo*, o cuartel administrativo, hay veintitrés subtemplos más. Entre ellos destacaría los de Ryogen-in y Zaiho-in por sus elegantes jardines en piedra. Los otros no los conozco porque no todos se visitan. De hecho, van variando las aperturas al público según la época. Así que venir por aquí es siempre una sorpresa. Esto supone una invitación a la libre espontaneidad y un buen entrenamiento para salirse del plan. No hay más expectativa que la fiel tradición de venir a meditar a este lugar si estoy un fin de semana en Kioto.

Llego un domingo por la mañana. De la ciudad hay que coger un autobús a la parada de Daikotuji. Es la línea de autobuses que también va al pabellón dorado y a Ryoanji, al norte de la ciudad. Desde el centro son muchas paradas, así que hay que calcular cuarenta minutos y diez más de agradable paseo por el recinto monástico, hasta llegar a Daisen-in, un templo que fue fundado en 1509. Su portalón

Altar del templo zen Daisen-in, Kioto.

de entrada es una maravilla y representa una pequeña revolución arquitectónica para su época. Por primera vez, se construye un pabellón de acceso al templo, con techo apuntado y protección para la lluvia. El salón principal, donde se medita, posee un suelo enmoquetado de un elegante rojo burdeos.

El altar está presidido por la estatua de Kogazu Zenji, su fundador, el mismo que creó su aclamado jardín zen. Me fijo en las puertas correderas con motivos naturales. Los techos bajos. Doy un paseo por la *engawa*, o pasarela exterior. Contemplo el resto de jardines de piedra que rodean el templo. Atmósfera de silencio una vez más rota por el alboroto de los turistas que están en la entrada. El templo calla, reivindicando su atmósfera silenciosa. Antes de ver el jardín principal, me fijo en las pequeñas habitaciones de dos por cuatro metros que lo contemplan desde un lateral. Habitaciones individuales o espacios de meditación. Minimalismo bellamente tradicional. El jardín es una maravilla por su significado simbólico y la belleza de sus geometrías. Es la historia de la vida, nuestro viaje del héroe o la heroína. Sobre una planta rectangular de cien metros cuadrados, en sentido vertical, observamos un mar de piedra blanca rastrillada formando olas. Si empezamos por lo que vemos al fondo, tenemos el principio u origen de nuestro ciclo. La montaña del tesoro, formada por rocas que se alzan, con algunos pequeños arbustos creciendo en ellas. La de la izquierda simboliza lo inmutable. La otra es la compasión de la diosa Kannon. Juntas crean el centro del universo. De la montaña fluye el río de la vida que acabará en el otro extremo del jardín, en el gran mar de la vejez. A los pies de esta, la cascada y el puente son representados por una piedra transversal. Simbolizan la impulsividad de la juventud, con unos rápidos rastrillados en el tapiz rocoso, pasando entre rocas. Antes de alcanzar el muro de la duda, una pasarela cruza sobre el jardín de piedra como si lo segmentara. Una piedra triangular aparece al inicio del mar de la vejez. Es la cabeza del tigre, el momento de la vida en el que nos hacemos preguntas existenciales. ¿Quién soy yo? ¿Qué es la vida? ¿Cómo fue creado el mundo?

Para pasar el umbral del muro de la duda, debemos aceptar el paso del tiempo, abandonando la juventud, creando una conciencia filosófica. Esto no implica una edad o un tiempo límite, sino un estado por alcanzar llamado madurez. Una mirada consciente ante la vida. Lo que acarreamos como problemas y obstáculos va en una gran piedra llamada el barco del tesoro. Esa es nuestra experiencia, la que llevamos al gran mar de la madurez. Al final, yace la vaca durmiente, el símbolo de la vida en sus últimas etapas. En el mar de la eternidad, la corriente se detiene, el espacio es más plano y no hay apenas surcos ni olas. La sal purifica. La corriente de la vida siempre fluye hacia delante; no se detiene. Aquí ya no hay rocas, solo la pureza de la arena blanca. Este es el camino de la vida cuando alcanza la muerte.

Además de este bello jardín seco, o *kare-sansui*, Daisen-in también tiene una interesante casa de té con el *tokonoma*, o nicho escaparate, más antiguo de Japón. Los espacios para la ceremonia son pequeños, carentes de decoración, tan sólo un nicho donde dejar los utensilios y las tazas, así como un agujero sobre el que calentar el agua en el brasero. Normalmente, el ritual del té consiste en la experiencia del presente. La inmediatez convertida en meticuloso ritual donde cada gesto importa por su contención y precisión. La secta Rinzai es la más vinculada con la ceremonia del té. El cercano templo de Soke-in fue liderado desde su fundación por Kokei Sochin, el gran maestro que perfeccionó la ceremonia del té, conocido como Sen-no-Rikyu.

Estoy esperando en la sala de meditación de Daisen-in. Al principio, estoy sólo, pero no tardan en llegar un japonés y un joven de aspecto latino que construye una perfecta postura de loto. Los tengo delante. A mi lado se sienta el maestro Sooki, que va a dirigir la meditación de la tarde. El silencio impone. Su mirada, también. Me indica que junte las palmas en un mudra de plegaria si siento que me estoy durmiendo durante la meditación. Viste una elegante túnica color tabaco. Para venir a meditar no hay que tener nivel ni experiencia, pero la escena me impone. Pienso en el orden y la disciplina propia del Zen. El reto es no mover el cuerpo, ni un solo dedo durante toda la meditación. Entramos en la postura y se inicia la meditación con un suave golpe sobre el gong. Ojos entreabiertos, mirada hacia el suelo, un metro por delante. Columna recta, cuello erguido, pecho abierto. Respiración silenciosa. Mi mente se dispara queriendo expresarse. Con el rabillo del ojo, espío al monje zen, con la excusa de que estoy escribiendo este libro y quiero narrar cuanto suceda. El maestro toma una vara de madera y hace una reverencia ante la imagen de Kogazu Zenji. Luego se coloca de costado con la vara entre las manos. Durante los primeros minutos la mantiene baja; más tarde, la eleva como si estuviera preparado para darnos con ella. Al principio está al otro extremo de la sala; poco después, viene a controlarme. Siento que me acojono. Creo que no valgo para esto de ser un moderno samurái. Por suerte, el japonés acaba de juntar las palmas de las manos y el monje va ante él. Se hacen una reverencia mutua y el discípulo se inclina para ser golpeado por la vara del maestro. Dos secos golpes a cada lado de la columna. No sé si cerrar los ojos, pero lo tengo prohibido, así que sigo en mi meditación. Tras un instante del cual desconozco el tiempo transcurrido, suena el gong de nuevo indicando que llevamos media hora. El maestro nos permite salir de la postura unos segundos, antes de entrar en los últimos treinta minutos de la meditación. El joven de la postura perfecta, no tarda en pedir su golpe de vara, o *keisaku*. Siento la presión. No voy a ser tan cobarde de salir sin esta experiencia; se lo debo a los lectores y a mí mismo como periodista o escritor. He de poder contarlo. Junto las manos con determinación y espero la llegada del maestro. Me inclino y recibo dos latigazos en la espalda. Veo las estrellas y siento el impacto en la parte trasera. Ciertamente, uno despierta y acude al cuerpo, aunque sea a lo bestia. No me disgusta la experiencia. Siento que ahora llegaré con facilidad al final de la meditación. De tanto pensar y observar, es posible que no haya meditado de verdad en todo ese tiempo. Esto va de calmar las olas de la mente. Lo logro desde la relajación, pero mi fusión con el entorno, con aquello más allá de mi persona, no se da hasta que empiezo a sentir la lluvia en el exterior. Esta me arrastra, de la mente a los sentidos, para que finalmente entre en otra pantalla más neutra, hueca e intuitiva. Lo espontáneo es inmediato. Me introduzco en un espacio presente atemporal mientras el espacio se difumina. Algo está sucediendo. Mi mente regresa para atribuirlo a la sacralidad del espacio. Cuando suenan los tres gongs que cierran la meditación, siento que nada importa. Nada es tan importante. El monje atiza dos golpes a dos pequeños bloques de madera. Me asusto. Es el gesto final para despertar y estar en el presente. Salimos de la postura. Las piernas están dormidas. Cosquillas como cuchillos que te acribillan hasta que la circulación vuelve a su lugar. Dudo si ponerme de pie. Recuerdo una vez cuando, en un *zazen*, fui a levantarme y las piernas no pudieron sostenerme. Salgo el último de la sala. La práctica de la tarde acaba con un té matcha en la sala contigua a la entrada. Ahí conversamos con Sooki. Se interesa por mi procedencia y, al decirle que soy profesor de yoga, me responde que eso explica la belleza de mi postura. Me quedo con el adjetivo porque sé que técnicamente el loto completo de mi colega peruano era mejor. Pero aquí no hay mejor ni peor. Competencias o trascendencia en los adjetivos. El discípulo japonés que parece venir cada semana pregunta mucho y constata que le sorprende ver el interés de los extranjeros por el Zen japonés. Parece sanamente orgulloso de que nosotros podamos partir y enseñar la experiencia del Zen en nuestros países. Cuento que estoy escribiendo este libro, pero trato de no alargarme y encadenarme a mi ego que se gusta. Sooki me ayuda, dando por cerrada la tarde. Apuramos suavemente el matcha y, con una reverencia, nos despedimos. Siempre la cabeza por debajo del corazón. Humildad a raudales. No ego. Devoción y entrega a la inmediatez. Espontáneamente busco una excusa para volver a ver el jardín zen. El lavabo queda al final de la *engawa*. Camino muy despacio sin encender la linterna del móvil. La luna incipiente resplandece sobre el mar de arena blanca. Me siento un privilegiado. Mi espíritu está reconfortado después de la meditación. La mente habla menos, atraída por el silencio de la noche. Al salir, la mujer encargada cierra el enorme portón del templo y pasa el cerrojo.

En el exterior, enfilo una avenida de árboles que pudieran ser sombras meditantes. Mi pensamiento me martillea con la culpa de meditar poco. Me falta disciplina. Preciso levantarme antes. Sé que meditar me vuelve menos reactivo. Prometo hacerlo más, antes de entregarme al instante. Afortunadamente, desde que tengo menos pájaros en la cabeza, mi intuición anda más afinada. El amor o las responsabilidades familiares o laborales nos ciegan. La intuición precisa de ese vacío que nos dan el *zazen* y la mente en calma.

ESPIRITUALIDAD

9. Vivir en el presente y «zazen»

La base del Zen es adquirir un punto de vista desde el que poder ver la esencia de las cosas. Una vez más, como sucede en el hinduismo y gran parte de la cosmogonía oriental, la idea es que vivimos en *maya*, esa forma de falsa realidad que también describió Platón dentro de nuestra tradición occidental. Nos perdemos la realidad porque navegamos en ella, de un lado a otro. Estamos en una permanente confusión, alienados, dispersos o embotados, cuando deberíamos focalizarnos en la experiencia. En el presente ocurre todo. No hay más. Algo tan simple como esto es la base de gran parte de la neurosis de las sociedades avanzadas. Por eso, la meditación está siendo una de las grandes herramientas para neutralizar este desajuste. La ansiedad es fruto de la obsesión por el futuro. La depresión parte muchas veces de la nostalgia que nos ancla al pasado. Estar aquí y ahora supone un gran aprendizaje que nos encamina a disfrutar de la experiencia; lo que sucede ante nosotros. Lo más importante es la persona que está contigo en el momento presente. No la que vendrá, ni la que se fue. Dado que todo es cambio, la cuestión es atender al presente con la mejor disposición. Despertar, estar atento y vivir en el presente es la esencia de la espiritualidad samurái y del Zen. Para esta disciplina espiritual, los libros no sirven, ni tan siquiera los sutras que se leen como ritual por la mañana o en gratitud a los maestros. La base es la experiencia de *zazen*. Sentarse y nada más, como detalla Éric Rommeluère, discípulo francés del gran maestro Taisen

Deshimaru, en su libro de título homónimo.[1] Lo real es lo que no se espera. Sucede. Hay que hacer tambalear nuestras estructuras mentales y vaciarse. Meditando disciplinadamente cada día, vamos acallando la mente.

Jiddu Krishnamurti nos dice que meditar es ver lo que es y trascenderlo. Al practicante zen, le basta con lo primero. Esto es esto, afirma Daisetsu Suzuki. Meditar es un vaciado completo de la mente para percibir la realidad.

La escuela Soto Zen a la que pertenece Deshimaru y que enseñó Dogen en Eiheiji practica una meditación en la que no hay que resolver ningún *koan* o acertijo. Es más austera, y la posición sedente se alterna con una marcha lenta y pausada.

En cualquiera de las prácticas del Zen hay que ir en busca del silencio, el espacio en el que la mente y el alma se vacían hasta no saber ni desear nada. Desposeerse de lo material y de todo cuanto cargamos. Esa es la verdadera esencia del Zen que acontece en el presente. La técnica meditativa pasa por respirar lo más lento posible y no moverse. El número de ciclos respiratorios ha de reducirse a cuatro, cinco o seis por minuto como máximo.

A partir de herramientas para bajar las olas de la mente, empezamos a sentir la experiencia de estar en el presente. Este es el lugar y el momento en el que sucede todo. Si nos dispersamos o evadimos, nos perdemos lo que acontece. Esto implica también un ejercicio de atención y disciplina para tener los sentidos y la mente atentos a lo que la realidad nos trae. Cuando el presente no es agradable, no vale irse al pasado nostálgico. Uno puede haber envejecido o estar pasan-

---

1. E. Rommelurère, *Sentarse y nada más*, Errata Naturae, Madrid, 2018.

do una mala época, pero no por ello hay que irse. La vida son ciclos, hay que asumir la realidad de cada momento, y, si lo que sucede es duro o problemático, ya vendrán tiempos mejores. La aceptación y resiliencia son fundamentales para estados presentes de este tipo, porque tampoco conviene proyectarse a un estado deseado, como por ejemplo practica el *coaching*. Volvemos al «esto es lo que es» de D.T. Suzuki y lo aceptamos con la entereza, disciplina y austeridad de un samurái. No hay más.

Así mismo, como nos recuerda Taishen Deshimaru en su enseñanza acerca de la práctica del Zen: «Esta disciplina siempre es contradictoria. No se satisface del aspecto común de las cosas. Dirige la mirada sobre la cara escondida, sobre la "otra realidad", que no aparece directamente, y que no se puede aprehender con el solo pensamiento».[2]

Se trata de profundizar en la realidad desde una atención precisa y atenta al presente. Ver lo subyacente y sutil, además de lo obvio. Esto último ya es, en sí mismo, un ejercicio difícil. Nuestra tendencia es la de divagar y no alcanzar a percibir lo que es evidente, sin poner excusas, añadidos o edulcorantes. La mente nos atrapa y, muchas veces, nos camufla la realidad. Por ejemplo, cuando uno está enamorado puede no enterarse de nada, disfrazando la realidad de una relación que se apaga queriendo no ver nada. Cuando algo no nos gusta, miramos hacia otro lugar, o ponemos la foto que nos conviene. Si uno calla, observa y atiende a la realidad puede ahorrarse mucho tiempo perdido. Si una relación amorosa está acabada, lo mejor es ponerle fin, no vivir una larga y amarga agonía. Los duelos, o finales,

---

2. T. Deshimaru, *Za-zen*, Ediciones Cedel, Barcelona, 1976, p. 129.

nos cuestan, pero lo obvio nos da el instante del cierre adecuado. Igualmente, en las experiencias de radiante felicidad es bueno no colgarse de ellas, pensando que son eternas. Disfrutar del momento a tope y luego ya se verá. Vivir cada instante por él mismo, fijándonos en la realidad sea esta cual sea. Esta sería la conducta típica del Zen y, a partir de ahí, ir aprendiendo a profundizar en las capas de la realidad para ver más allá. Con la práctica esto sucede más y más.

Por mi experiencia, sé que, cuando estamos en la etapa de enamoramiento o en el enajenamiento propio de una ruptura inminente, somos incapaces de percibir la realidad en un sentido profundo. En cambio, cuando uno está en el centro de su vida, aunque tenga una relación, puede entrar en la realidad del presente con mucha más profundidad. En mi caso, en estos momentos de ser y estar, me vuelvo mucho más intuitivo, pudiendo leer el campo que me rodea e incluso anticipar muchas cosas. No es que me vaya al futuro, sino que el presente me habla con mayor extensión, aportando mucha más información. Sucede de forma automática cuando uno está en *choiceless awareness*, percibiendo sin etiquetar, sin poner ese filtro de opinión e intelecto. Percibe, contempla e intuye, como planteábamos en el capítulo anterior. Todo eso sucede estando en el presente.

Es bueno conectar con la esencia de la realidad y comprender que esta es un estado de ánimo. No hay que dejarse arrastrar por las emociones para percibir lo obvio y cuanto acontece, por lo que el Zen estaría siempre a favor del observador distante y neutro, aunque esto no impide que podamos estar en la felicidad del ahora. La vida es una sucesión de aquí y ahora.

El filósofo Eckhart Tolle, autor del éxitoso *El poder del ahora* (1997), que ha debido superar su dura invalidez a lo largo de toda su vida, siempre recuerda que la infelicidad es producto de la mente.

Todo está en la mente. La realidad es una, pero resulta fundamental cómo la afrontamos.

Vivir el presente es estar despierto. Por eso, cuando uno practica *zazen*, puede pedir *keisaku*, un golpe de bastón, para regresar al presente si se está agitado o a punto de dormirse. Este golpe de vara debe entenderse como el espíritu del maestro; conduce a un estado de calma y despertar. Como narraba en el apartado anterior, puede ser contundente y sorpresivo, pero funciona. Estate atento, despierta y vive la experiencia de lo real. Sal de Matrix. Bienvenido al mundo real. El cine es una fuente de aprendizaje. La popular película de las hermanas Wachowski es un referente entorno al ciclo del héroe y una parábola sobre *maya*, el mito de la caverna de Platón y este aprendizaje del despertar propio del Zen. El presente es atención, de lo contrario, la vida fluye como una película que no es la nuestra. La sabiduría samurái se basa en tomar las riendas de la vida propia y no la de otros, ni tan siquiera la de nuestros hijos o padres. En ocasiones, amar a los seres queridos nos lleva a querer solucionarles la vida, amaestrarlos, hacer de padres a los padres o de guías a unos hijos con más de treinta años. Cada uno precisa de su espacio, de su lugar en la vida, para poder despertar de cualquier forma de enajenación o emoción que nos saque del presente. Una vez más hay que insistir en que esto no es egoísmo ni nada que pueda hacernos sentir culpables. Vivir nuestro presente individual es un derecho, una libertad necesaria e imprescindible. Sólo desde aquí podemos ayudar al prójimo, sostener, contribuir y ser compasivos. Cada uno debe ser su propia luz, como nos recuerda el Buda. Así mismo, en esta difícil labor de vivir en el presente es importante saber alcanzar el vacío. Cada idea o prejuicio es un condicionante que impide que podamos ver la realidad tal y como es. Si estamos vacíos, podemos contener el universo entero. El vacío es una condición en la que el espíritu no se ata a ninguna cosa.

El Zen es ver la realidad directamente en su totalidad, no de forma parcial o partidaria. Sin etiquetas, libre de estigmas. Alan Watts, en su esencial *El camino del zen*,[3] nos recuerda que la práctica del *zazen* es ver el mundo como es concretamente, no dividido en categorías o abstracciones, con una mente que no está pensando. *Zazen* no es sentarse con una mente en blanco que excluye todas las impresiones de los sentidos internos o externos. Tampoco es la concentración en el sentido tradicional de restringir la atención a un solo objeto. No es poner la atención en algo concreto. El *zazen* simplemente consiste en una atención calmada, sin opinión, ni comentario. Contemplar aquello que ocurre aquí y ahora, en el presente.

Para aquellos a los que esta experiencia de vivir el presente les cueste mucho, siempre queda la opción de las llamadas meditaciones informales, que no son más que acciones cotidianas de atención plena. Uno puede no estar sentado, pero sí debe estar acometiendo una sola acción rutinaria y manual. El modelo sería el maestro Thich Nhat Hanh y esa simple recomendación de lavar platos. Sólo hay que hacerlo a mano, despacio, poniendo atención en la temperatura del agua, el tacto de los platos, la cadencia del movimiento de la muñeca. Sin móvil, ni música ni cualquier tipo de distracción. Simplemente, lavar platos y aquietar la mente. Hay quien restaura un mueble, en un ejercicio meditativo de decapar con papel de lija. Sirve también el paseo meditativo, en silencio y de forma solitaria por el bosque. Todo aquello que nos lleve a la atención plena en

---

3. A. Watts, *El camino del zen*, Edhasa, Barcelona, 5.ª ed., 2003.

el presente. Fuera móviles, pantallas digitales, conexiones wifi. Se trata de estar en la presencia del aquí y el ahora. Para lograrlo hay que poseer la disciplina de un samurái, pero la recompensa es muy grata. Darse cuenta de todo aquello que nos estamos perdiendo es fantástico.

Si vivimos en el presente, de pronto podremos descubrir que la vida es un lugar maravilloso. Cada segundo es una nueva oportunidad de celebrar la experiencia de ser, por muy torcida que parezca nuestra vida o muy intensos nuestros problemas. Nada es tan importante, excepto la muerte, y cómo vivimos en ella. Tal y como nos enseña el *Hagakure*, entreguémonos al presente abiertamente.

> Sin duda, no hay otra cosa que la dedicación única al momento presente. Toda la vida del hombre es una sucesión de momentos. Si entendemos plenamente el momento presente, no nos quedará nada por hacer ni nada que perseguir. Vive siendo fiel a la dedicación única al momento.[4]

Film: *Zen* (B. Takahashi, 2009)

Película de inferior calidad respecto a otras presentadas a lo largo del libro. Su valor es más testimonial o como narración audiovisual de la historia del maestro Dogen Zenji.

La acción arranca en China en el año 1223, cuando un joven japonés va en busca de un maestro. No tiene excesiva fortuna en su

---

4. Yamamoto Tsunemoto, *Hagakure,* Dojo Ediciones, Madrid, 2014, p. 80.

empresa hasta que, perdido por las montañas, da con el jefe de cocina de un templo cercano. Pese a que este le insiste en que aprenda por sí mismo, el joven logra ser aceptado como discípulo. Quiere aprender el verdadero budismo si es que este existe. El maestro Rujing le enseña las bases del *zazen*: vaciar cuerpo y mente para liberarse del dolor.

Cuatro años después, Dogen regresa a Japón. Nadie comprende su método, ni quiere aceptarlo como parte del budismo ortodoxo de aquel país. Permanece en el templo de Kennin-ji (Kioto) con su práctica de meditación contra la pared. Las comunidades de los otros monasterios budistas le ven como un difamador. Su antiguo amigo y discípulo chino, Jiuen, viene a sumarse a su reforma, pero los monjes heian quieren echarle de Kioto. El magistrado de la ciudad lo impide. Pese a esto, Dogen y sus seguidores deciden marcharse como eremitas refugiados en las montañas. Quieren montar un *dojo zen* en plena naturaleza, lejos de la urbe y la esfera del poder establecido. Así brotará la semilla del templo de Eiheiji, que crecerá poco a poco como comunidad de la nueva rama Soto Zen.

La fotografía y el aspecto visual de la película son aceptables, aunque hay algunas secuencias oníricas o de iluminación bastante ridículas. La música, endeble y algo cursi, tampoco contribuye a la austeridad formal que una película sobre el fundador del Zen exigiría. En determinados momentos, el film parece un videoclip torpemente rodado. No obstante, la mantenemos dentro de la selección de este libro por contextualizar la historia del nacimiento del Soto Zen. Los paisajes son bellos y acertados. La ambientación es adecuada y el ritmo, bastante fluido. No es un film excesivamente moderno en su aspecto formal, pero acierta explicando la historia de forma comprensible.

En diversos momentos podemos contemplar cómo se practica la meditación *zazen* o comprender cómo es la rutina de un *dojo zen*: las tareas de la limpieza matutina, barriendo la cocina, y las labores en el huerto. La comida escasea y la supervivencia en el monasterio es dura. Si no hay comida, hervirán agua y harán *zazen*. Olvidar la vida ordinaria, liberarse de los apegos o trascender las ideas acerca del bien o el mal son algunas de las obligaciones de los alumnos. Sin intención, ni pensamiento. Ni tan siquiera hay que pensar en la idea de la iluminación porque, sentándose en *zazen*, esta ya se alcanza.

El deber del discípulo es entregarse al presente.

Narrativamente, es interesante la subtrama de una prostituta que quiere redimirse y entrar como monja en el monasterio. Al principio, Dogen le niega la posibilidad si no logra borrar sus apegos con el pasado. Pese a ello, el monasterio acepta tanto a hombres como a mujeres. Algunas historias de amor innecesarias, pero son concesiones a la audiencia. El demonio de la lujuria alcanza a alguno de los alumnos. Esto obliga, en una decisión personal, a dejar el monasterio entre lágrimas.

Poco a poco, la comunidad siembra campos de arroz sobre terrazas, y el otoño traerá nuevas cosechas. Dogen se muestra implacable en su método basado sólo en el *zazen*. Apenas acepta la lectura de sutras o cualquier otra enseñanza. Su señor, Tokiyori, duda de sus creencias. Nadie cree que el budismo sea sólo sentarse y nada más. El maestro vive en lo obvio, el paso de las estaciones, lo que acontece en cada momento. Nada más. Ver las cosas como verdaderamente son es la mejor enseñanza del Soto Zen. Ese es el camino de la iluminación que se alcanza mediante el *zazen*. Tokiyori se ve cada noche asaltado por los fantasmas de la venganza. Su vida es sufrimiento y busca que el maestro zen acabe con ellos; sin embargo, la solución no es otra que aceptarlos. Asumir e integrar es también el camino del Zen. Aunque sea regente del país, no puede aferrarse al poder, aunque sea *shogun*. Quien no conoce la paz en su corazón no puede gobernar en paz. Para abandonarlo todo, se necesita coraje. Las palabras de Dogen ofenden al alto cargo militar que piensa en matarlo. La respuesta de Dogen ante la katana amenazante es bastante genial: «Mátame, siempre lo he estado». Finalmente, el *shogun* quiere recompensarle por todo su aprendizaje con un gran templo, pero Dogen sólo quiere seguir en su *dojo* de Eiheiji en las montañas de Echizen. Así, una vez se gana el respeto de todos puede llegar al final de sus días. Su misión y práctica perdurarán en sus discípulos y los seguidores de estos.

Cuando se vive, no hay más que vida. Cuando se muere, no hay más que muerte. El maestro muere. El *zazen* debe seguir.

Memoria de lugar: templo de Eiheiji

El otoño acaba de llegar a Eiheiji. Me siento afortunado. Hace apenas dos horas que dejé Kioto y estoy sumergido entre nubes que cobijan este paraíso natural. Los Alpes japoneses son preciosos, con sus grandes cedros que se equiparan a esos *redwoods*, o sequoias californianas. El viaje hasta aquí es cómodo, con parada del *shinkasen* en Fukui, una ciudad de tamaño intermedio, de esas en las que nadie para si no es por un motivo muy concreto. El lugar huele a Japón auténtico. Aire industrial, casas en torno a un río, en mitad del valle. A lo lejos, las montañas. Modernidad tanto en las tiendas como en los cafés en la pequeña calle principal. La armonía japonesa va desde las tazas de té hasta el interiorismo cuidadamente *underground* de los locales. Presente retro, bellamente decorado.

La estación de autobuses para ir al monasterio de Eiheiji queda en la puerta este de la terminal de trenes. Servicio atento y todas las comodidades para el viajero. Esto es Japón. Un autobús con un conductor ataviado con gorro y uniforme que bendice el viaje antes de partir. Aquí todo son reverencias y gratitud. Todavía llevo el silencio del vagón de tren grabado en mí. Creo que hacía tiempo que no experimentaba la quietud, y eso que tampoco llevo demasiados días en el país de los nipones.

Al salir de un largo túnel, el autobús se adentra en una sinuosa carretera flanqueada por gigantescos cedros. En algún tramo, los árboles dan paso a verdes campos de arroz. El ambiente es entre alpino y pintoresco. Algo evoca a la idílica Suiza; será el orden que lo impregna todo. Nada falla, todo funciona, el entorno está limpio; incluso diría que también lo está el interior de las gentes que merodean por aquí. No se ven demasiadas impurezas ni ruidos mentales. Gente risueña y nada ajetreada. No son monjes, pero lo parecen. La carretera va ascendiendo y el valle se va cerrando. La humedad lo impregna todo y el agua baja de las montañas por caudalosos arroyos. El autobús se detiene en un enclave que me recuerda a aquel *Twin Peaks* de David Lynch. Es la atmósfera. Apacible, alpina, de buena gente, con camisas de franela. El señor con un gálibo que ordena el tráfico. Los peatones alineados. Todo es tan perfecto que podría ocurrir un crimen. No quiero ser blasfemo porque este es un lugar mítico dentro de la tradición Zen. Aquí es donde Dogen Zenji fundó el primer monasterio Soto Zen en el año 1244, al volver de China, donde aprendió de la escuela Caodong (dinastía Tang). Como tal, fue el introductor del Zen en Japón, que luego dio más difusión a la escuela Rinzai, menos austera y veloz en cuanto aprendizaje. El Soto es una línea más evolutiva y prolongada en sus enseñanzas.

El alumno debe pasar al menos dos años de formación. Se considera que esta forma de Zen es más propia de la gente del campo. Por el contrario, la tendencia Rinzai fue más seguida por los samuráis, aunque esto no implique que algunos se formaran en el Soto Zen. En él, la práctica del *zazen* es más exigente, bajo la práctica conocida como *shikantaza*, que comporta meditar cara a la pared. Sentarse a pensar no pensando. Hay que ser consciente del flujo de los pensamientos y dejar que el tiempo nos lleve a otro estado. Es la llamada meditación del reflejo dorado o de la iluminación silenciosa. Con suerte, obtendremos estados de *samadhi* (en sánscrito) o *satori* en los que la mente se funde con el universo.

Además del *zazen*, la práctica del Zen incluye el recitado de mantras o sutras, como la *Prajnaparamita*, que incluye el Sutra del Corazón o el Sutra del Loto. Los monjes los recitaban habitualmente por la mañana. Los turistas extranjeros o visitantes locales son aceptados, previa inscripción, a participar en la ceremonia que se inicia sobre las cinco y media de la madrugada. Con más antelación, se puede planificar incluso una estancia de una noche completa. En el momento de mi visita, también se había abierto la posibilidad de pernoctar en un hotel cercano, en colaboración con el monasterio, aunque los precios resultaban bastante prohibitivos.

El complejo monástico agrupa cerca de setenta edificios interconectados, pese a que los espacios históricos y de culto se reduzcan a una decena. Tras la puerta de Sannon se accede al salón del Buda, uno de los lugares más importantes del templo por su antigüedad.

Llego a mediodía, en un lunes festivo. El turismo local abunda, apenas hay extranjeros. Los japoneses parecen celebrar su espiritualidad y vienen también a venerar los árboles de este gran bosque que huele a humedad. La entrada, una vez se deja atrás la callecita ascendente con comercios alineados, impresiona. Cedros centenarios te abrigan a cada lado, cerrando el cielo. Musgo enmoquetado y el sonido del agua del río omnipresente. La madera lo inunda todo. El complejo monástico es inmenso. Los salones de meditación, como el *Buda hall*, son enormes. La estructura del templo se eleva sobre la montaña, en un urbanismo orgánico. Escaleras a ambos costados siempre protegidas por cubiertas y ventanales. En invierno nieva largo tiempo y cala hondo. Las envejecidas fotografías de la entrada así lo atestiguan. A medida que se asciende, el exterior ajardinado muestra el cambio de las hojas otoñales. Los cedros son perennes, pero no así las otras variedades que alberga el monasterio. Pese a que aquí todo es muy húmedo, la tierra no padece; los monjes, tampoco. El Zen enseña a aceptar, a sostener y atenerse a lo que es. Paredes de madera blanca cruzadas por finas cuadriculas de madera, como aquellas casas medievales de la vieja Europa. Antes de llegar a la estructura más imponente, el *hatto* o *Dharma hall*, donde se realiza la ceremonia de la mañana, salgo por un costado para ver el *jonsen*, el templete donde reposan las cenizas del maestro Dogen.

Al salirme de la ruta, un joven monje aparece de la nada y me retorna a la senda. Huelo el fino incienso devocional. Olor sutil que apenas puedo describir. A estas horas, la mayoría de los monjes se refugian del turismo, aunque se dejan ver en sus quehaceres cotidianos. Algunos limpian los altares en la sombra. Los altares no se muestran, ni lucen, excepto en los rituales o los momentos de culto. Van con sus clásicas túnicas negras y el pelo rapado al cero. Una especie de toga dorada cruza su pecho, según la categoría. Miradas brillantes, piel radiante, gestos acomodados. Cuánta calma respira este lugar. No me extraña que lo llamen el templo de la paz eterna. Lo que veo, especialmente el impresionante es-

Tourou, o farol tradicional, a la entrada del *jansen*, templo zen Eiheiji.

pacio natural, combinado con el organicismo de la arquitectura y los materiales, confirma la trascendencia del espacio para templar el alma. Meditar aquí no es lo mismo que hacerlo en Manhattan. Allí se aprende el Actor's Studio, que es otra forma de desconexión de la realidad en la que el gran actor entra y sale de un papel con facilidad. En Eiheiji, meditar implica profundizar en la realidad más presente y evidente. Esa que no vemos porque nos confundimos, dispersos en múltiples pensamientos, perdidos en el tiempo, sin atender a lo que es.

Mientras escribo, a mi derecha, un joven monje ha salido con su cámara y un gran teleobjetivo para fotografiar las hojas del otoño. Apenas debe tener veinte años; es un aprendiz. Al pasar ante la puerta central del templo, inclina su mano en reverencia hacia el Buda. Como si nada, se pierde a mi izquierda; parece ajeno al turismo. Su atención está en el paisaje. Durante la mañana ha llovido y ahora apuntan leves destellos de sol sobre la roca húmeda. La belleza estética es de una sutileza impactante. Me pregunto si hay ceremonia *zazen* al inicio de la tarde, aunque lo dudo. Tendré que regresar por la mañana, a primera hora. No importa. El bosque parece haber detenido el tiempo. La inmensidad de los árboles domina el ambiente sobre la leve brisa que mece las hojas. Esto es un cuadro de una belleza exquisita. El instante revela. El presente manda. ¿Por qué siempre andamos perdidos? Tal vez por eso acudimos a lugares como este. Suena un tambor y me acerco, pero no ocurre nada. En mi descenso del templo, camino de la salida, doy con dos monjes de mediana edad que están haciendo reverencias en la sala principal. Los observo y grabo uno de esos ridículos vídeos que convertir en reel. Es el testimonio para las redes que demandan, también a nosotros, escritores, que seamos mediáticos o, como mínimo, activos y visibles. No me preocupa, mientras se mantenga ese sentido del aquí y el ahora. Me llevo una buena colección de fotos, aunque disciplinadamente me he forzado a quedarme veinte minutos meditando y una media hora escribiendo, *in situ*, el arranque o esbozo de este texto que completo por la tarde, ya en Fukui. Me meto en uno de esos bares de bohemios que se anunciaba como café. Los locales andan despistadamente borrachos cuando son las seis y media de la tarde y me dispongo a cenar en la taberna de enfrente. Acabaré el día en unos baños *onsen* artificiales de la novena planta del hotel. Me acostaré pronto porque un taxi me espera a las cinco de la mañana para llevarme de regreso al templo, para el *zazen*. No sé por qué me he ido al futuro... Mi disciplina me recuerda al samurái. Pese a lo intempestivo del horario, en mitad de la noche, trataré de estar radiantemente presente. Por desgracia, llego tarde, cuando los monjes ya están acabando un mantra que no alcanzo a reconocer. Es el *Fukanzazengi*, escrito por Dogen y contiene las esencias del *zazen*. La sala está en la parte alta del monasterio, en el *hatto*. Lo he contado ya al menos dos veces, pero es que trato de almacenarlo en mi memoria. En el altar, un buda de la compasión y frente a él, cuatro leones blancos. La atmósfera y trascendente sonoridad impresionan. El espacio es limpio y diáfano. Huele a madera. Los monjes visten toga de un marrón chocolate. Sostienen delante del rostro un cuaderno amarillo del que leen los sutras. Están perfectamente alineados. Espero en un costado de la sala, sin entrometerme. Hay algún extranjero en la ceremonia. Visten ropas de calle, como yo. Cuando acaban, me parece que enlazan con el Sutra del Corazón, o *Hannya Shingyo*. De este reconozco partes. La ceremonia dura poco más de una hora; justo el tiempo para que empiece a clarear. Hace frío a esas horas de la mañana y me puedo imaginar la austeridad de este lugar con las nieves del invierno. Tiempo de recluirse y de silencio. Acabadas las oraciones, quien quiera puede quedarse cuarenta minutos en meditación *zazen*. La mayoría de los monjes lo han hecho después de sus abluciones o purificaciones rituales con agua. En una sala anexa y alargada, acomodan a la veintena de visitantes de esta mañana que queremos hacer meditación. Algunos han podido dormir en el mismo templo, bajo el régimen que llaman *sanro* (dos comidas vegetarianas, dos sesiones de *zazen*, oración de la mañana y una noche), para el que hay que inscribirse con un mes de antelación. Si se está afiliado a una escuela Soto Zen, se puede estar tres meses, o incluso más. El *zazen*, como hemos ido comentado, se practica sentado en postura de loto. Piernas cruzadas sobre el *zafu*. Espalda bien recta. Manos en el regazo; la derecha, por abajo, recoge a la izquierda. La punta de los pulgares se toca, creando un pequeño círculo entre ellos y los dedos índice. Respiración muy silenciosa, como si tuviéramos una pluma bajo la nariz que no debe moverse; lo más despacio posible. Ojos entreabiertos mirando a la pared. Una vez se entra en la postura, no hay que moverse. Un monje nos observa, como un ser distante y neutro que domina la sala. Lleva una vara por si alguien se duerme y necesita de ella para despertar. En esta ocasión, practico sin necesidad de ella. Ya conozco la experiencia y, después de la ceremonia matinal con las oraciones, me siento bien despierto. Una vez acabada la práctica, un gong te devuelve a la realidad. Espero poder pasar el resto del día con esta serenidad contagiosa de los monjes. Siento el silencio en el interior y deseo estar despierto, atento, en ese bello anhelo del eterno presente. Al salir del templo, busco un lugar donde tomar un buen matcha caliente. Pienso en las enseñanzas de Dogen y esa sana obsesión de que el aprendizaje no viene mediante el pensamiento, sino desde una experiencia física. Se trata de liberar la mente y el cuerpo de esos grilletes que los atan. Ahí aparece la experiencia liberadora del Zen. La práctica del *zazen* es suficiente, si se practica con disciplina, para cambiar tu vida y aprender a estar más enfocado en el presente. Nada más que esto, pero ¡qué difícil nos resulta!

Al subir al bus, me despido de la montaña. Este es un paraje que no olvidaré. Los árboles parecen conservar el silencio de los miles de seres que han conocido y la acumulación de presentes que componen sus cortezas. Sabias presencias que se elevan al cielo, sintiendo el sol que hoy vuelve a calentar sus ramas. El sendero asfaltado desciende junto al río de la vida. Al meterme en el túnel, siento que vuelvo al mundo real, más allá de ese reino del silencio que tanto me cautiva y al que espero poder volver en mi práctica cotidiana.

10. Naturaleza sagrada y espíritus del bosque

D.T. Suzuki lo explica perfectamente en su ensayo sobre el Zen y la cultura japonesa que hemos citado repetidamente en este libro. Los japoneses aman la naturaleza. Somos los occidentales, o habitantes de las modernas sociedades industrializadas, quienes la odiamos o contemplamos como un enemigo que dominar. La idea de conquistar la naturaleza procede del helenismo clásico. En su egocentrismo, el hombre empoderado creyó que la Tierra estaba para servirle y que podía domar los vientos o los mares. Los hebreos y otras civilizaciones cayeron en el mismo error. Mientras, los japoneses siguieron como hasta el día de hoy venerando el monte Fuji como el tótem central de su territorio; volcán sagrado que Suzuki confesaba no dejar de admirar. No importa cuantas veces lo visites, siempre cambia. Samuráis de alto rango como Date Masamune (1565-1636) también se rindieron a la fascinación de este monte. Cada vez que lo visitas parece la primera vez. No hay manera de describirlo porque, ante la naturaleza, las palabras no siempre alcanzan, por mucho que grandes poetas y escritores como Basho la aborden. La naturaleza es sagrada, tal y como nos enseña Dersu Uzala, ese diminuto cazador de la taiga que Kurosawa convirtió en referente cinematográfico. El fuego, el agua y el viento son gente importante que, cuando se enfadan, pueden destruirnos. Los espíritus, o *kami*, como los llama el sintoísmo, moran en el bosque, junto a los ancestros, conformando una red espiritual muy profunda. El universo es todo, una única fuente de energía viva, como lo cree la moderna física cuántica o el animismo primitivo. Hay alma o energía *ki* (*chi* o *prana*) en todas las cosas. Una de las formas de entender la meditación, o el *zazen*, es como un medio para contactar con esa energía o fuente primordial. Gaya es la madre tierra que nos engloba. Los seres humanos, las cosas vivas y también las inanimadas podemos ser parte de un campo de energía único. Einstein dijo que el campo es la única realidad. La naturaleza es ese lugar donde todo ocurre y del que procedemos. Si no lo veneramos y respetamos, estamos yendo contra nuestra propia esencia. El arte japonés ha estado desde siempre influenciado por la naturaleza con ejemplos tan populares como Hiroshige (1797-1858). La espiritualidad nipona abraza la naturaleza tanto desde su sintoísmo primitivo como desde ese budismo Zen surgido del taoísmo chino. Los egoístas deseos del ser humano no deben pretender sobreponerse a las armonías de la naturaleza. La ecosofía o sabiduría de la Tierra es un bien necesario para todos nosotros. La ciencia no puede cartografiar y analizar la naturaleza como pretende la ecología o el oficial ruso cartógrafo de la película *Dersu Uzala*. Explorar la naturaleza y hacer mapas está muy bien, pero no implica una comprensión profunda del medio natural. Tampoco lo constituye el trofeo de coronar cimas. La naturaleza debe ser contemplada y percibida en silencio, sin tratar de analizarla. Sólo dejar que te alcance hasta el punto de convertirte en montaña. En un pasaje de sus *Sendas de Oku*, Matsuo Basho narra como escaló el monte Gassan: «Al llegar a la cumbre, el cuerpo helado y la respiración cortada, el sol se ponía y la luna asomaba, me tendí y esperé a que amaneciera. Cuando las sombras se abrieron y el sol apareció, me incorporé e inicié mi marcha hacia Yudono».

El fragmento me trae a la memoria uno de los mejores momentos de mi vida. No estaba en Japón, sino en el Pirineo francés, durmiendo en el refugio bajo la brecha de Roldán. Tuve que despertarme de noche porque había dejado durmiendo al raso a mi cachorro, Poe, de apenas cuatro meses. Le prohibieron la entrada al recinto porque habían llegado los gendarmes para hacer guardia. Al parecer, había excursionistas perdidos por la montaña. El caso es que tuve que salir de noche, junto a mi perro, que en un momento de la marcha no pudo enfrentarse a las rocas empinadas que había que trepar y lo cargué en mi mochila. Juntos, él y yo, alcanzamos la brecha. Corría un intenso viento. El paisaje era entre lunar y paradisíaco. Los primeros rayos de luz empezaron a iluminar las montañas que todavía preservaban algo de nieve en las cumbres. De un lado, al norte, una cierta civilización. Al sur, los restos de un glaciar seco habían dejado un gran jardín de piedra. Allí estuvimos, mi perro y yo viendo salir el sol, abrazados para abrigarnos mutuamente. Debíamos esperar al grupo de amigos y a mi padre. No aparecieron hasta una hora y media más tarde. En aquel amanecer comprendí lo que era ser uno con la montaña. Desde entonces, he tratado de profundizar en esa experiencia. Una vez sentí algo parecido en el monte Huashan en China o sobre un tren en la noche camino del Tíbet. Si tuviera que pensar un lugar en Japón donde vivir esta experiencia, pensaría en el monte Koyasan por sus bosques, o en Nikko por la profundidad de sus montañas.

Recorrer la naturaleza como hizo Basho a lo largo de su vida es la mejor manera de comprender esa espiritualidad que nos une con los espacios naturales. No importa si hallamos el infinito en el mar o en lo alto de una montaña, la cuestión es comprender lo diminutos que somos ante la grandeza del universo. Las estrellas en el cielo como llamas que iluminan cada una de las almas que se fueron. La eternidad en un instante. La naturaleza es sabia, aprendamos a escuchar las armonías de la Tierra y seremos más sabios. La neurosis de la mente puede curarse mediante esos baños de bosque llamados *shinrin yoku*, tan populares en Japón y también en todo el mundo. Hoy sabemos que hasta las raíces de los árboles centenarios forman una red de autopistas subterráneas interconectadas. La naturaleza es la fuente primordial a la que podemos acudir siempre que lo precisemos. La cuestión es preservarla y no explotarla. En ese sentido, no hace falta explicar la veneración que sienten los japoneses por la naturaleza. Desde los jardines domésticos al conjunto de su espacio natural, no hay un palmo de terreno que no esté cuidado. La contaminación está controlada, aunque desastres naturales como los terremotos los asolen con terribles consecuencias. La naturaleza es su amiga y compañera, presente desde la lluvia persistente al sol más radiante. Los ciclos naturales se contemplan y reflejan en las artes: poemas, pinturas y grabados que ocupan templos y casas particulares. Japón vive en comunión con la naturaleza y la mayoría de sus templos zen están enclavados en bellos y remotos parajes. Si pensamos en el sintoísmo, vienen a la mente bosques sombríos profundos y cerrados, cargados de una mística especial. Recuerdo, por ejemplo, el entorno del templo de Hakone Jinza, a los pies del monte Fuji y el lago Ashi. Allí descubrí antiguos caminos samurái con estatuas de budas a los costados. Márgenes del lago con piedras negras volcánicas que parecían restos de una civilización antigua. La naturaleza dibuja sus formas en los cielos y la tierra. Cosmogonía de dioses, ángeles y espíritus encantados que los hombres de todas las edades veneraron. Tal vez, el rayo ha dejado de ser su proyectil vengador y la gruta de la montaña ha dejado de ser la guarida de un demonio, pero todavía no hemos podido acabar con la sacralidad de la naturaleza. No hay ciencia que la pueda dominar. La naturaleza es sabia y nos habla si sabemos escuchar su latido. Escuchar la pulsación de la Tierra transforma nuestro estado de ánimo y alimenta nuestro espíritu. Nunca jamás las cumbres de las montañas dejarán de ser la morada de los dioses. Cada árbol, cada piedra, la lluvia, todo posee un *kami* que lo habita. Así lo cree el sintoísmo japonés, el animismo y el tao. La naturaleza es sagrada. Su sabiduría es infinita.

Libro: *Sendas de Oku* (Matsuo Basho)

Este es uno de los mejores libros de viajes que se han escrito. Su inicio es antológico.

Basho fue ese viajero errante que, en compañía de su gran amigo Sokán, emprendió la ruta al norte, o a lo más profundo, según se quiera interpretar. Hijo de un samurái de bajo rango y nacido en Ueno, Matsuo Basho dedicó su vida al viaje y la escritura, siendo el gran reformador del haiku, al que dotó de una naturalidad y cotidianeidad antes de su tiempo inconcebible. En su obra, la imperfección deviene la cima. Simple espiritualidad de quien comprende la naturaleza y los entresijos de la más serena sencillez. Después de diversos años, con cuarenta y cinco años se lanzó al viaje que narra en esta obra. Estuvo en las sendas de Oku más de dos años, pasando por territorios que hemos tratado en este libro, como Nikko o Kanazawa, así como el espacio central de los Alpes japoneses. Basho utiliza en su escritura un lenguaje directo, libre y coloquial que encandilará a posteriores generaciones. Verso libre y espontaneidad como sistema creativo. La naturaleza como tema. El haiku como ejercicio espiritual e instante poético. La base es la simplicidad y la comunión con la naturaleza.

El libro se lee casi de un tirón. Mitad poesía y prosa. Comentarios ocurrentes, mezclados con profundidad filosófica y descripciones de una omnipresente naturaleza. El paso de las estaciones como testimonio. El paso del tiempo. La presencia de la muerte. La edad que avanza. Arte no intelectual y casi antiliterario. El diario personal como gran género que alcanza a los viajeros. *Sendas de Oku* es una maravilla que leer y releer. Basho escribe poseído por los dioses de un modo que no puede dominar ni sus pensamientos.

> Se va la primavera,
> quejas de los pájaros, lágrimas
> en los ojos de los peces.[1]

En la falda de Nikko hacen noche en una posada. Recuerdan al maestro Kukai del budismo Shingon. «La luz de la montaña resplandece en el cielo y sus beneficios nos alcanza a todos. Mirar y admirar las hojas nacientes entre la luz solar», nos dice Basho. Cascadas, ermitas y picos recorren las páginas de un diario próximo y cercano. Musgo que gotea, arroyos que brotan de la tierra en una naturaleza que es pura celebración.

Una vieja enfermedad despierta en Basho y anuncia sus últimos días. Esta senda es también la del ocaso o el renacer hacia otra dimensión. La naturaleza nos acoge. No hay nada que temer. Dicen que algunos paisajes fueron creados en la época de unos dioses impetuosos. Las divinidades de las montañas. Basho confiesa: «Ni el pincel de pintor ni pluma de poeta pueden copiar las maravillas del

---

1. Matsuo Basho, *Sendas de Oku*, Atalanta, Girona, 2014, p. 65.

Puente de Shinkyo, santuario de Futarasan, Nikko.

demiurgo». La naturaleza nos supera. No podemos resistirnos a la gran cita de este referente de la literatura universal:

> Los meses y los días son viajeros de la eternidad. El año que se va y el que viene también son viajeros. Para aquellos que dejan flotar sus vidas a bordo de los barcos o envejecen conduciendo caballos, todos los días son viaje y su casa misma el viaje.[2]

2. *Ibid*, p. 62.

Memoria de lugar: bosques Nikko

Me dispongo a llegar hasta el monte Nantai, la gran montaña volcánica del parque nacional de Nikko. La salida es desde el santuario sagrado de Chuguji de Futarasan-jinja. Antes, saliendo del pueblo he pasado por el bonito puente de Shinkyo, del que lo mejor es hacer una foto desde el puente nuevo por el que pasa todo el tráfico. Si no, se paga una entrada que no vale la pena. Igualmente, antes de subirme al taxi que me llevará al punto de salida de mi ruta, me he acercado al abismo de Kanmangafuchi, donde hay una famosa arboleda con decenas de pequeñas deidades *jizo* con sus bufandas. Es una foto muy turística, pero la experiencia vale la pena para quienes no tienen ganas de hacer un *trekking* de alta montaña. Además, para percibir los espíritus de la naturaleza o su carácter sagrado, basta con perderse por las inmediaciones de los templos. Todo son enormes pinos y cedros, como la avenida que da acceso al santuario de Toshogu.

La mañana ha amanecido tan soleada y radiante como el resto de días que llevo en Nikko. Mi *lodge* es como un refugio de trillados mochileros, como he explicado con anterioridad, por lo que la cama no es de las mejores del viaje. Mis piernas empiezan a sentir los kilómetros acumulados después de doce días de ruta por Japón, pero me siento fuerte para la ascensión. El otoño dibuja un paisaje de gran variedad cromática. Los sentidos se excitan. El *moniji*, o arce japonés, está en su esplendor con sus diminutas hojas de un rojo intenso. La visión general de la montaña presenta diversos colores salpicados, como si se tratara de una pintura impresionista. Pienso en el orden y la armonía. El cielo azul. La atmósfera limpia. Japón vuelve a no fallarme. La hermosa montaña cónica a la que me dirijo asoma bastante rápido. Es una de las diez montañas más famosas de Japón. Son las nueve de la mañana y hoy no parece que vaya a haber muchos excursionistas. El taxi se va y quedo a una hora para el regreso. Aproximadamente, el recorrido de ida y vuelta son unas seis horas y media. Al parecer, cuando alcanzas la cumbre, en la parte trasera llegas al santuario trasero o de Okumiya. Cruzo el santuario donde me ha dejado el taxi, pago la entrada. No me detengo mucho rato y tan sólo medito un instante como bendiciendo la ruta. Llevo tantos templos en Nikko que este ya es uno más. Me adentro en el bosque y soy feliz. Estoy solo. Las hojas crepitan en mis pies. Raíces encorvadas en el suelo que me abrazan. Troncos gigantescos que me recuerdan mis paseos entre los *redwoods* de la costa oeste americana. Algo me hace sentir como en casa. No tengo miedo a perderme pese a estar solo. El sendero está perfectamente indicado. Pienso en los nomos, en mi infancia, en aquellos paseos cogido de la mano de mi abuelo por la oscura selva negra. Aquello era bien plano. Aquí, la senda exige buenas piernas cuando llego a una pista que va haciendo zigzag. Esto no es como cuando en el Pirineo hacía grandes tramos en 4×4. Aquí no hay más ruido que el de la naturaleza. El valle de Nikko y su civilización han quedado ocultos. Al cabo de un rato, paso una gran puerta *torii*. El bosque se acaba y entro en unos campos de bambú. El paisaje es bastante alucinante. Hay rocas y alguna cabaña. El sendero empieza a complicarse y paro a beber agua. Afortunadamente llevo poca carga. No se me ha ocurrido coger el ordenador y escribo en una libreta a mano, como tantas otras veces. A la vieja usanza, aunque no llevo cámara, sino móvil. Al llegar a una ladera, me encuentro unas seguras escaleras de madera. Tengo práctica, vivo en un cuarto sin ascensor. Me agobia que los árboles son cada vez más escasos y el sol cada vez más intenso, pero parece que, después de dos horas, ya no me queda tanto para la cima. La alcanzo con la lengua fuera y el sudor empapando mi cuerpo. El otoño tampoco es muy fresco en Japón. Desde arriba vale mucho la pena la vista del lago Chuzenji, a mis pies. El templo de la cumbre no es gran cosa y me dedico a observar la cabaña refugio. Si lo hubiera previsto, igual me hubiera quedado a dormir. La visión de las estrellas desde aquí arriba debe ser un espectáculo. Lo echo de menos. Hacía tiempo que no coronaba una cumbre. La última vez fue mi familiar Cadí, de altura similar a este Nantai. A 2.486 metros como estoy, todo está bien. Por encima de tres mil, la cosa ya cambia. Como he venido solo, no me entretengo demasiado y, después de cuatro fotos, me dispongo a bajar. Busco un punto en el camino y llego a una especie de promontorio donde me quedo a meditar unos veinte minutos. Lo sé porque me pongo la alarma. Consigo olvidarme del todo. El rumor del agua se escucha lejano e imagino el bramido de la lava bajo tierra. La energía de los volcanes es telúrica. Puedo sentirla. No hace tanto estuve en Guatemala, en el lago Atitlán, rodeado de volcanes. Parece que el cuerpo me lo pide, aunque esta vez no me llegaré hasta Hakone o sus inmediaciones para ver el monte Fuji. He tenido suerte porque esta ruta se cierra el 25 de octubre, por la nieve. Faltan apenas tres días, pero no parece que la climatología vaya a ponerse dura en breve. Volver por el mismo camino me aburre, pero así contemplo la naturaleza más profundamente. Esperaba encontrar más bosque, pero es suficiente. De regreso al pueblo, me alimento bien y, para completar mi día en la naturaleza, vuelvo de noche a mi hostal, andando en mitad de la noche con la linterna del móvil. El último tramo entre árboles resulta toda una experiencia. Creo que volveré a meditar al amanecer. Hoy dormiré planchado. Llevo la naturaleza en mí, pero no soy capaz de transcribir mucho de lo que sentí en la ruta.

La historia de mi vida con la naturaleza como algo sagrado es larga. He cruzado los Pirineos en 4×4 unas tres veces, durmiendo al raso o en bonitos refugios, como el de Montgarri. Una vez, descendiendo del monte Perdido en Huesca, estuve al borde de la tragedia porque mi padre y su amigo no podían acelerar el paso y caía la noche. En Suiza he recorrido todos los senderos alrededor del Eiger, entorno a Grindelwald, pero nunca se me ocurrió llegar a escalar. Soy de los que anda donde haga falta. Solo, con mi perro o en grupo. No me pierdo porque leo los caminos, como si llevara un indio sioux que me los marca.

Una vez me perdí en la niebla y estuve a punto de no regresar. Incluso en lugares concurridos, como los lagos por encima de Tredós, en el valle de Arán, tuvimos un gran susto. En los Infiernos de Benasque, una tormenta de verano sembró el pánico. He visto de todo en la montaña, pero ahora ya sé del respeto que hay que procesarle y los muchos aprendizajes que en ella se alcanzan. Igualmente, puedo considerarme hijo del viento del norte en el Ampurdán con la tramontana refrescando mi cara y tumbando mi moto en las noches de invierno. Son evocaciones que no se olvidan, como el mar erizado desde los acantilados en cala Morell o Cavalleria en Menorca. La naturaleza no sólo es sabia, sino muy poderosa. Lo remoto de su fuerza te hace sentir diminuto, insignificante e incluso inútil. Como a los pintores del Romanticismo, me encanta adentrarme en los espacios más salvajes e indómitos, aunque no soy un valiente. En el Tíbet lo hice desde un tren o una furgoneta. Las fauces de la Tierra me asombraron tanto como las estrellas radiantes en una bóveda celeste que descendía cada noche por encima de nuestras cabezas. Aquí, en Japón, todo es armonioso y apacible. No me quejo, pero mi parte salvaje reclama intensidad. *Born to be wild*, la llamada de lo salvaje me atrapa cuando me meto en la cama y dejo volar la imaginación. No puedo imaginar nuestra existencia sin el privilegio de recorrer bosques, mares, desiertos y montañas. El ansia de vagar permanece, por mucho que los años pasen. El día que ya no estemos, las cumbres seguirán reflejando las estrellas en la nieve y el calor del sol en sus entrañas.

11. Vagar en el Dharma

La vida es viaje. El ansia de vagar nos lleva. Dado que todo es cambio, sentimos que nuestra existencia es como un viaje o una película que va avanzando. Como proclama la *Bhagavad Gita* del hinduismo, la acción es superior a la inacción y, aunque no tengamos que buscar el fruto de nuestras acciones, debemos mantenernos en movimiento, en el camino, como aquellos vagabundos del Dharma, descritos por Jack Kerouac en su novela homónima.

Como hemos contado a lo largo de este libro, históricamente los samuráis debieron reinventarse cuando acabaron las grandes guerras civiles, llegado el shogunato de Tokugawa. Entonces, muchos perdieron su sentido de ser, como si su oficio se hubiera clausurado. Desde ese momento, como muestran excelentes películas, por ejemplo, *La fortaleza escondida* o la trilogía samurái, el caballero samurái deja de formar parte de un ejército para convertirse en escolta o protector a sueldo. Su nuevo rol es ser mercenario al mejor postor, como le ocurre al protagonista del film *Yojimbo* (A. Kurosawa, 1961), que trataremos en este capítulo. El samurái puede caer en el lado oscuro de la fuerza, tan sólo movido por la ambición. Su nueva situación plantea una crisis existencial. Individuo solitario que ya no forma parte de un grupo. Por fortuna, su código ético, o camino del samurái, le sustentan moralmente, pero debe tomar nuevos rumbos en la vida si quiere sobrevivir. Algunos se venderán al mejor postor. Otros emprenderán el camino de la mística o espiritualidad, como le sucedió al espadachín Miyamoto Musashi, con el que acabaremos este libro. Al igual que los poetas Basho o Ryookan, algunos samuráis se entregarán al arte de vagar o se convertirán en austeros eremitas. Ahí hallarán la senda del Dharma, que no es más que indagar en el sentido de la vida. Conectar con aquello para lo que hemos venido a esta vida. Por eso, Musashi, al final de sus días, escribirá *El libro de los cinco anillos* como legado para la posteridad. Más que espadachín invencible, su Dharma tiene que ver con la existencia como guerrero y monje asceta. La enseñanza de la estrategia con la katana, fusionada con la austeridad, el fluir y la no mente *mushin*. Quienes exploran el sentido de su Dharma deben emprender un camino de vacuidad, donde despojarse de lo que ha sido su vida anterior. La transformación como esencia de un viaje que puede ser interior o exterior, aunque suele comportar ambos aspectos. Vagar en el Dharma es permitir la reconexión con el sentido vital. Para ello, como sucede en el viaje del héroe, hay que salir del mundo cotidiano y adentrarse en un nuevo entorno desconocido. Esto es lo que le sucede al samurái cuando finalizan las guerras. El sentido de sus vidas se acaba para todos aquellos que dejan de estar al servicio de un señor. Como si la vida volviera a empezar, parten en busca de algo que hacer. Vagar en el Dharma no es una tarea sencilla e inmediata, sino algo que puede ocuparnos hasta la vejez. Algunos lo alcanzan prematuramente en sus vidas. Estos son afortunados, porque estar en el Dharma implica vivir con naturalidad y que las cosas vengan o te sean dadas con facilidad. Por el contrario, quien no está en su Dharma va chocando con barreras y obstáculos profesionales y vitales que le llevan a la crisis o insatisfacción, que incitan su llamada a la aventura. En ocasiones, como les sucedió a los samuráis, son las circunstancias de un contexto las que fuerzan emprender un nuevo Dharma o readaptarse a lo nuevo.

La mayoría de los mortales nos pasamos la vida vagando en el Dharma, buscando la ocupación, vocación o acciones que nos conecten con nuestro sentido de autorrealización. Cuando uno está en el Dharma se entrega a su deber con placer, de una forma en la que la vida es algo gratificante. Su curso es natural, apenas hay resistencias y todo fluye.

El Dharma da sentido a las acciones que realizas, sin importar sin son arduas o fáciles. Cuando debí hacer de cuidador de los ancianos en mi familia, lo hice con bastante naturalidad, aunque hubo momentos en que hubiera tirado la toalla.

Paralelamente, como profesor en la escuela de cine (ESCAC), me fui dando cuenta de mi valor como transmisor, ayudador y mentor, hasta descubrir que, más que la propia enseñanza, mi figura cobraba valor como sostenedor psicológico. Aquellos jóvenes que venían a mi consulta para asesorarse sobre qué especialidad escoger me hicieron ver una vocación como terapeuta o mentor espiritual.

Desde entonces, me convertí en maestro de yoga y meditación, especialista en filosofía oriental y terapeuta Gestalt. Poco a poco, mi rol en la escuela de cine fue perdiendo sentido. Llegaron los cambios y la vida me mostró que mi camino del Dharma iba en otra dirección. Como siempre, hacer cambios no es fácil, duele y aparecen resistencias o miedo. Se acabó el sueldo fijo, la pauta horaria, las vacaciones pagadas y ventajas por el estilo. Como al menos mis asuntos familiares se habían suavizado, aunque ya era padre de una hija, me sentía más liberado en este aspecto. Así fui profundizando en esta segunda etapa de mi vida. Todavía sigo en ella después de sufrir toda una serie de cambios. Dejé mi casa, solté mi puesto en la escuela de cine, me separé de la madre de mi hija, inicié una nueva relación, construí un nuevo hogar, y, al final, todo se rompió. Otra vez a empezar... Ahora vuelvo a vivir en el pequeño apartamento que fue mi primer hogar cuando me independicé. Vagar en el Dharma tiene eso: vas y vienes. Cuando crees que todo ha concluido y ya has alcanzado tu GPS a la felicidad, acabas recalculando tu hoja de ruta. Más que un cálculo maquiavélico y planificado con anterioridad, debe ser una corazonada, un golpe de efecto o punto de giro que parte de lo más profundo de tu ser; si no, te estrellas. Por eso debemos ser espirituales, además de mentales. De ahí, el arquetipo de samurái que aquí propongo: mitad guerrero, mitad monje.

Dharma no es tan sólo seguir los caminos de la mente racional, sino la confluencia de estos con lo más profundo del alma. La felicidad está en nuestro interior y el Dharma aflora cuando el alma brilla. No hay más. No hay que preguntar tanto a la mente, sino atender al alma y cuidar el cuerpo como habitáculo que nos otorga la vida e ilumina con lecciones de sabiduría somática. El samurái cultivaba disciplinas como el aikido o el judo para atender a su cuerpo. El budismo Zen se encargaba de la parte espiritual, mientras que el *Hagakure* y las enseñanzas derivadas del confuncianismo le otorgaban orden mental.

La mente no es nuestra enemiga. Al contrario, es la mejor aliada para gobernar nuestra senda vital. Vagar en el Dharma implica desprenderse un poco de ella y un mucho del ego. Este es quien ha construido ese personaje principal que gobierna nuestras vidas. No siempre debemos andar vagando en el Dharma, pero resulta saludable plantearse la vida de esta forma. Así cuando llegan los reveses, las fortunas y los cambios, uno está preparado. Como el samurái que sabe que todo es el morir y vive fluyendo en la aceptación.

En relación con el vagar, es esencial desprenderse de cargas inne-

Monje japonés en peregrinación, modelo del vagar en el Dharma.

cesarias, incluido ese sentido de la austeridad en positivo. Aprender a vivir con menos, sin necesidad de tener tantos bienes materiales o ataduras de cualquier clase. El vagabundo del Dharma es libre como ese Japhy Rider de la novela de Kerouac que va saltando entre trenes de mercancías de San Francisco a Santa Bárbara. El protagonista de esta ficción no es otro que Gary Snyder, uno de los más fervientes japonesistas de la generación *beat*. A partir de la relación con su maestro Kenneth Rexroth, adquirió la pasión por la poesía japonesa y los haikus que él mismo escribió. Es más, Snyder vivió entre 1955 y 1958 en Japón y se convirtió al budismo Zen. Desde mediados del siglo XX, la influencia de esta doctrina y las formas estéticas o contemplativas de Japón estuvieron muy presentes en la costa oeste americana. Tal vez no llegara la afición por los samuráis, pero sí por toda la base filosófica que los acompañaba. El *Hagakure* y el *Bushido* fueron libros populares, así como la obra de D.T. Suzuki. Se creó el centro de estudios orientales en San Francisco (American Academy of Asian Studies, 1951) o el centro zen de Tassajara, al norte de Sausalito, donde Alan Watts impartía sus enseñanzas. De algún modo, la California contracultural se impregnó de este modelo que nos habla de vagar en el Dharma. Burroughs se fue y se perdió por Tánger. Ginsberg lo hizo por todo el mundo y tan sólo Kerouac no llegó mucho más allá de Big Sur o Nuevo México.

Sobre lo que apuntábamos de la vacuidad, la novela de *Los vagabundos del Dharma* es muy explícita:

> ¿Qué significa que me encuentre en este mundo sin fin, pensando en que soy un hombre sentado bajo las estrellas en el techo del mundo, y sin embargo, en realidad vacío y alerta en medio de la vacuidad e iluminación de todo?
>
> Significa que estoy vacío e iluminado, que sé que estoy vacío, iluminado, y que no hay diferencia entre yo y todo lo demás. En otras palabras, significa que me he convertido en lo mismo que todo lo demás. Significa que me he convertido en un Buda.[1]

---

1. Jack Kerouac, *Los vagabundos del Dharma*, Editorial Anagrama, Barcelona, 2000, p. 141.

Tal vez no sea necesario llegar a convertirnos en un Buda, pero, sin duda, el vagar en el Dharma es un camino de autoaprendizaje y sabiduría acerca de la persona que verdaderamente somos. Las tradiciones se tocan, tal y como hemos visto una y otra vez. Los ciclos se repiten. La senda del samurái está muy vinculada a vagar en el Dharma; este sendero en el que todos estamos como buscadores de la felicidad. Esa que no se compra, ni se ambiciona. La dicha otorgada de estar y ser aquello que nos llena. Nada impostado ni forzado. El fluir de los acontecimientos de nuestra vida en un orden natural y armónico. Aunque a veces sea abrupto y pantanoso, vale la pena vagar en el Dharma y no dejarse arrastrar por la vía más fácil. Algo de eso es lo que le sucede al héroe de *Yojimbo*, un ser escindido en su moralidad. Samurái superviviente que tal vez no sabe desprenderse de la ambición para vagar en el Dharma.

Película: *Yojimbo* (A. Kusosawa, 1961)

Film que se contempla como un wéstern crepuscular en el que el héroe, interpretado por Toshiro Mifune, vaga como un *ronin* errante por un mundo que es pura corrupción y decadencia. En un universo en el que nadie alberga valores ni buenas intenciones, el samurái protagonista, llamado Sanjuro, es el único que mantiene su código ético. Porte noble y de entereza cuando todo parece perdido. No obstante, no deja de ser un guerrero que mata sin piedad.

En un poblado del final del Japón medieval del siglo xix, dos bandas de mercenarios luchan por el control del territorio. Ambas intentan comprar al honesto samurái como si fuera un mercenario. El contexto, previo a la reforma Meiji, ha dejado a estos guerreros medievales sin señor y grandes dificultades para sobrevivir siguiendo su condición de personajes nobles, honestos y afines a un código ético de valores inquebrantables. Sanjuro es fuerte en todos los sentidos, pero su entorno resulta deprimente. Kurosawa quiere mostrar con este film, como hace en gran parte de su filmografía, la desvalorización de la sociedad de su tiempo. Cada vez es más difícil mantener los ideales. La codicia y la ambición lo pueden todo. Nadie se salva, incluido el héroe de la película.

Adaptándose al espíritu de los tiempos, el samurái de esta película tiene apuntes cómicos y un aire de estar un poco de vuelta de todo. Gana sus combates, conquista y ayuda a mujeres, atormenta a los villanos y vive la vida en una intensa soledad. Dada la estupidez de los dos clanes rivales, Sanjuro consigue ser contratado por ambas, en un equívoco que servirá para acabar con ellas y devolver la tranquilidad a la aldea. Estamos ante el clásico argumento del intruso benefactor. Tal vez, otras películas de Kurosawa, como *La fortaleza escondida* (1958), son más viajeras, siguen ese formato *road movie*, pero *Yojimbo* resulta ejemplar en el sentido del Dharma, entendido como mantenerse fiel a un propósito de vida; al margen de que este tenga que ver con acabar con vidas para restablecer el orden. Vagamos en el Dharma para encontrar un sentido y forma de ser vital. Una vez lo alcanzamos, si es que esto sucede, lo difícil es mantenerse en el Dharma. Para los héroes de Kurosawa, esto puede ser una tarea fácil. En nuestra cotidianeidad, hay que trabajarse mucho.

Yojimbo es una de las películas más populares de su director, cuya fama se alimentó con el conflicto legal que venció ante Sergio Leone por replicar su argumento en *Por un puñado de dólares* (1964). Toho, la productora japonesa, no estaba para hacer concesiones ante el cine italiano por mucho que estuviera hermanado con Hollywood.

Allí, Clint Eastwood ejercía de llanero solitario que se faja por dinero, aprovechándose de las dos bandas. La relación entre el cine de samuráis y el *spaguetti western* fue bastante prolífica durante toda la década de los sesenta.

Las lecturas de *Yojimbo* permiten verla como un reflejo de la miseria humana y, formalmente, resulta una estupenda película de acción de su tiempo. Fotografía bastante tenebrista y muchas posiciones de cámara a ras de suelo. Encuadres brillantes y poderosamente visuales. De una forma intencionada, Kurosawa parece querer rodar un wéstern a la japonesa, aunque le falta mayor participación del paisaje. Por el contrario, la ambientación del poblado es formidable. En cuanto a los personajes, todos son miserables, desde el tabernero hasta los dos jefes de los clanes rivales. Un mundo sin valores y sin sentido en el que el Dharma desaparece por completo. Sólo el samurái, siendo un aprovechado, tiene claro a dónde quiere ir. No es un héroe al uso. Está cercano al perfil de antihéroe por la falta de valores y creencia en la sociedad. Va a lo suyo bajo un arquetipo bastante moderno que plantea una reflexión de hacia dónde vamos. Algo del existencialismo de la segunda mitad del siglo XX alcanza a este film que ha quedado como uno de los mejores ejemplos del cine de samuráis.

El enfrentamiento final, al estilo de *Sólo ante el peligro* (F. Zinnemann, 1952), es sobresaliente. Vale la pena contemplarlo una y otra vez si se quiere aprender formalmente de cine y composición. La modernidad del lenguaje cinematográfico de Kurosawa no es algo nuevo, pero reconforta comprobarlo una y otra vez, revisionando sus clásicos. Poco después, rodaría una segunda parte, llamada *Sanjuro* (1962), que es también altamente recomendable. En ella, la naturaleza y los jardines zen tienen más presencia. En cuanto a los valores, resulta irreprochable. «Un samurái pasa hambre antes que pedir limosna». Al final de estas historias fílmicas, el samurái *ronin* siempre se va, como aquel jinete pálido de los wésterns de Eastwood. La senda del Dharma prosigue hasta el final de nuestros días.

Memoria de lugar: ruta Nakasendo (Tsumago-Magome)

Hay muchos caminos de peregrinación en Japón; entre ellos, los más famosos pueden ser los ochenta y ocho templos de Shikoku o el Kumano Kodo que recorre la península de Kii.

No obstante, los samuráis, si bien es cierto que también pudieron recorrer estas vías que nos llevan por la confluencia religiosa del Zen, el budismo Shingon y el sintoísmo, fueron transeúntes obligados de la ruta que unía Edo (Tokio) con Kioto. La distancia entre la nueva capital establecida por Tokugawa Ieyasu y la antigua Kioto era de unos quinientos kilómetros, de los cuales setenta se hacían entre las montañas. De este itinerario de origen medieval quedan hoy todavía tramos muy bien conservados. Después de documentarme y destacar otros destinos por itinerario de ruta o duración de la peregrinación, me dispongo a recorrer los ocho kilómetros que van de Magome a Tsumago.

Lo primero que me sorprende es la dificultad de acceso. Hay que llegar en *shinkansen* a la moderna Nagoya, antigua sede olímpica de deportes de invierno y cuna de Toyota. Ciudad nítida, fría y tecnológica entre montañas donde el dinero abunda. De ahí, hay que coger primero un tren y, después, llegar a Magome, mi punto de partida.

El otoño está movido, los días de sol y de lluvia se alternan de forma aleatoria. Saliendo de Kanazawa he debido dar una vuelta importante. En la costa, el día estaba despejado, aquí, en el epicentro de los Alpes japoneses, está lloviendo. El cielo está cerrado en un bonito y armonioso valle que veo entre las brumas. En vez de ponerme de mal humor, me voy al recuerdo de las pinturas de paisaje japonesas. Esas que dejan tanto aire o espacio en blanco para dar importancia al trazo en negro de las montañas y dar cabida a la sugerente niebla. Hace frío y he sustituido el té verde de botella de plástico que venden en las máquinas dispensadoras de todas las estaciones por un matcha bien caliente. Siento el calor y la energía en mi interior cuando me bajo del autobús con la mochila en la espalda. Por desgracia, a lo largo de mi viaje por Japón he ido cargando mi maleta de regalos, inciensos y cosas que pesan. Esta vez no hay tantos libros, pero la *memorabilia* espiritual también ocupa. He dejado casi toda la carga en una consigna de Kioto. Siento que hago un poco de trampa en este vagar en el Dharma. Mi mochila no pesa tanto porque lo he dejado todo bien almacenado, no porque haya aprendido a despojarme. El ser humano es imperfecto. La excusa es buena, pero no sé si la disciplina samurái me lo permitiría. Tal vez sea un farsante. Alguien que escribe de algo que no cumple. «Predica con el ejemplo», te dicen, y tú te resistes a la perfección o te sientes atraído por la rebelde imperfección. No sé, igual es que estoy muy mental. Pronto el paisaje me atrapa con nubes que apagan las de mi mente. Magome es un pueblito en mitad del valle de Kiso. Altas montañas y espacio muy frondoso. El río, en el epicentro de todo, con su sonoridad entremezclada con la lluvia. Suerte que llevo un paraguas muy liviano que compré hace días en Kioto. Los japoneses lo hacen todo bien; no hay un solo producto que no sea técnicamente perfecto. Algo me lleva a mi moto que dejé en Barcelona, pero aquí debo andar. Apenas ocho kilómetros que cubriré fácilmente en una sola etapa. Desde que llegué a Japón estoy recorriendo una media de dieciséis mil pasos diarios, equivalentes a doce kilómetros. Lo curioso es que donde recorrí más distancia fue en Tokio, casi veinticinco mil, gracias a los laberínticos pasillos del metro con sus largos corredores. Por suerte, aquí estoy en plena naturaleza, esa que tanto adoro. Magome era una antigua *shukuba*, o estación de descanso, en la ruta imperial. Se nota por la pureza medieval de sus casas; todas medievales y de baja altura. Calles empedradas y comercios bastante turísticos en las plantas bajas de los edificios. En la actualidad, esta ruta está en todas las guías de turismo. Sigo encontrándome con viajeros chinos; trato de evitarlos para estar en mi intimidad. Cuando llego ya es mediodía y, como está lloviendo, entro en un local bastante limpio y reluciente a comerme un plato de tempura con arroz. Lo mejor es la calidez de la sopa de miso que lo acompaña. Aquí, los platos raramente resultan intensos o excesivos. Es lo que busco para iniciar la marcha. Dudo sobre si repetir con el té. Al final lo hago. Mi cuerpo está caliente y reconfortado cuando salgo al exterior. La llovizna prosigue, pero es muy soportable. Mis amigos japoneses, Wakana e Hiroya, me habían advertido de que antes de mi llegada habían caído intensas tormentas. Por suerte, hoy puedo cubrir el itinerario sin problema. Asciendo dejando las casitas a los costados con sus fachadas blancas y de madera. Un torrente de agua discurre en orden a un costado. En el pueblo, el empedrado presenta una franja central bien plana para que nadie tropiece.

Estos pueblos perdieron su esplendor cuando se acabaron las rutas a pie. Con la reforma Meiji empezó a cambiar todo, se hicieron nuevas carreteras, llegó el tren y el automóvil. Las aldeas cayeron en el olvido y estuvieron a punto de desparecer. Durante la segunda mitad del siglo XX, algunos de los pueblos invirtieron en recons-

Tejados tradicionales, mojados por la lluvia entre hojas otoñales.

truir su pasado para atraer el turismo y lo lograron. La restauración resulta un poco de cuento. Las líneas eléctricas van por fuera y no soterradas. Todo está escrupulosamente cuidado y calculado, como suele suceder en Japón, así que, más allá de la empinada cuesta, no hay en la ruta a Tsumago riesgo alguno. No es que lo precise, pero, a veces, el espíritu aventurero pide adrenalina. En mis adentros, pienso que quien quiera fuertes emociones que vaya a la India. Me esperan unos tres kilómetros de subida y después una plácida bajada de unos cinco kilómetros. Hay un servicio que te lleva la mochila o maleta al punto final, pero, dado que ya voy ligero de equipaje, voy con mi carga. Todavía no sé si dormiré en Tsumago o si trataré de volver a

Nagoya donde es más fácil encontrar un hotel. Al salir de Magome, veo algunas copas de los árboles en la característica gradación otoñal: ocres y marrones entre un verde intenso dominante.

El sol se filtra entre la lluvia, que parece que va a parar. Las indicaciones de la ruta son impecables y voy encontrando algunas campanas que supuestamente son para ahuyentar a posibles osos. Ya me gustaría encontrarme a alguno… Hay partes del sendero que discurren junto a la carretera, lo cual me decepciona. Esperaba algo de sentido medieval y comunión con la naturaleza. Lo primero no llego a alcanzarlo. En cambio, sí que doy con algún tramo entre árboles bien bonitos. La edad de estos no engaña. Se yerguen como centinelas en la senda. La subida exige, pero es llevadera. Alcanzo un tramo de bosque de bambús que me cautiva. Poco después llego al Magome *pass*, el punto más alto. La carretera está demasiado cerca. Hay un puesto donde comprar fruta o similar. A partir de aquí, el camino ya es de tierra y va por un bosque. Los chinos se arremolinan en grupos extensos y compactados. Cuando puedo, los avanzo. Las piernas todavía me responden bien. Paro en una casa de té, montada expresamente para los caminantes. Está en un bonito enclave. Aquí sí, la atmósfera es bastante minimalista y rústica. El té es gratuito y al fondo se ve, como si fuera un decorado, cómo un fuego subterráneo calienta una tetera negra de hierro colado. Antes de la última parte de la ruta, cruzo el río, que ruge bastante, pero no es excesivamente caudaloso. Hay un par de bonitas cascadas en un margen que merecen una breve visita. Esta última parte es más bonita que el primer tramo. Cruzo un pequeño pueblo. Regresan los bambús. Me hacen pensar en la confluencia de la fortaleza y la flexibilidad. Lo rígido y lo cambiante. La naturaleza que quiero para mí, o que considero básica cuando imparto talleres de yoga y meditación. Saber estar en la postura, y, a la vez, fluir en ella. Al llegar a Tsumago regresa el asfalto, pero apenas hay tránsito. El pueblo es más modesto y pequeño. No hay mucho movimiento. Sería un buen sitio para dormir, pero pronto descubro que lo tengo mal. Sólo hay un par de pensiones *ryokan* y están llenas. Por suerte, el último autobús sale poco antes de las cinco y son las cuatro. Calles ordenadas, montañas que cierran el valle al fondo. Sensación de maqueta de trenes infantiles. La magia del orden. Un bonito y artificial molino de madera, más montado para el turista que otra cosa. Desde aquí podría seguir hasta Nagiso andando y coger el tren a Kioto, pero me es más fácil el autobús y dormir en Nagoya. Modernidad intrascendente donde podré comer buen *sashimi*. Echo de menos unos buenos *onsen*, pero imagino que eso ya llegará. Vagar en el Dharma es dejarse llevar, ir hacia dentro y conectar con uno mismo. No es el mejor camino de bosque que he recorrido, pero resulta interesante pisar parte de la gran ruta comercial que muchos samuráis transitaron. La forja del mito nos lleva a hacer cosas como estas.

Vacío.

12. Austeridad y vacío fértil

El vacío es donde todo existe. La vacuidad es la plenitud. Nuestra sociedad comprende el vacío como un no lugar, algo que evitar. El error de base es pensar que cargando, ocupando y teniendo llenamos nuestras vidas de sentido. En realidad, lo que estamos provocando es una sobrecarga por estrés y exigencia. Necesitamos soltar e ir al vacío para poder sentir la experiencia y el momento presente con intensidad. Si estamos cargados de ideas, prejuicios o bienes materiales, apenas podemos ver lo que es. Esta es la condición sagrada del Zen, por mucho que sea una religión sin doctrina o credo impuesto. Vivir en el presente, percibiendo lo que es, surge a partir de una mente calma y serena. Eso se da en un estado de vacío, *mushin* o en *choiceless awareness*.

En Japón, además de *mushin*, existe el concepto *ku*. Representa la traducción de la palabra sánscrita *sunya* o *sunyata*; lo que nosotros llamamos vacío. Las falsas percepciones y los sentidos nos confunden. Por eso, meditando vamos pasando pantallas hasta alcanzar un estado de mente sin mente, de vacío, donde podemos ver y escuchar desde un lugar más profundo. No existe más que un vacío eterno. Como decía el maestro Deshimaru, «la existencia sin substancia». El ser más allá de la materia. La esencialidad encontrada en la nada. El silencio y el vacío como espacios de aprendizaje. Vivimos en la era del ruido y precisamos poder escuchar y retornar a la fuente que nos enraíza. Si el espíritu se libera del ego, se convierte en vacío. El *ku* aparece cuando nos desapegamos de todo. La vacuidad es la que engendra los fenómenos y nuestra verdadera experiencia. Lo mismo sucede con la respiración. La espiración es la que permite una gran inspiración. Ambas se complementan y se necesitan mutuamente. Nuestra vida está compuesta de acciones, posesiones y ocupaciones. Nos falta el vacío para vivir de una forma más plena. Desde el *ku*, las cosas tienen más valor. La austeridad es el entrenamiento para alcanzar el vacío. Necesitar poco, sobrevivir con lo mínimo sin llegar a la pobreza, minimizar la carga, los espacios y la mente nos ayuda a poder realizarnos.

La vía austera no implica obligadamente el ascetismo, tan sólo saber transitar con lo imprescindible y necesario. Pocas palabras, nada de sofisticaciones y barroquismos. Contención para saber vivir en el vacío y, desde ahí, brillar con intensidad. Así lo hizo el samurái

Wabi («austeridad»).

Miyamoto Musashi, que precisaba de bien poco para triunfar en sus combates y que, cuando llegó a la vejez, se retiró a vaciarse para desgranar la esencia de su sabiduría en *El libro de los cinco anillos*. No hay que permitir que la mente se nuble en el interior; ha de estar siempre abierta, oscilante, cambiante, siendo imprevisible desde un vacío que lo alberga todo. El vacío del éter, o el espacio, contiene los cuatro elementos (tierra, fuego, agua, aire). Cuando desaparece el ego, surge el espíritu, la profundidad de la naturaleza humana. El *ku* es la existencia y no existencia a la vez. Como decía el maestro Sosan: «Nuestra vida puede ser como una flor de vacuidad».

No hacer nada puede entenderse como el espacio de vacío. Detenemos el cuerpo para llegar al no pensamiento. Desde el *zazen* podemos percibir lo no alcanzado por el pensamiento si entramos en el vacío fértil. En él surge la espontaneidad y la chispa de la creatividad. El cero como estado deseado e inspirador. No hay metas, sólo dejarse llevar. Abandonarse a la respiración y al dejar de hacer es la vía para alcanzar el vacío.

> Si os abandonáis a la espiración y dejáis
> que vuestra inspiración os llene en un armonioso vaivén,
> sólo queda un *zafu* bajo el cielo vacío
> y el peso de una llama.[1]
>
> KOUN EJO

Aprender a soltar es la base para alcanzar nuevas experiencias. Para ello hay que trascender el miedo y no temer el vacío. Soltar es el principio de la liberación. Si uno vacía, permite que cualquier cosa pueda venir si

---

1. Citado en *Zen*, VV.AA., Kairós, Barcelona, 1998, p. 123.

no está forzando, impostando y reteniendo. Debemos vaciarnos de emociones, pensamientos y todo lo que nos sobrecarga. Aligerar el cuerpo y la mente para conectar con ese vacío donde la intuición aparece y nos reconocemos en nuestro ser más esencial. No hay que apegarse a lo que nos costó tanto esfuerzo alcanzar. Todo pasa y todo vuelve. Desde la austeridad vamos desarrollando la no necesidad, sintiéndonos más ligeros y libres. Cada necesidad puede ser una carga o una liberación, dependiendo de cómo la generemos. Saber vivir con poco es una gran suerte si esto no conlleva miseria y pobreza extrema. El Buda, como todos los grandes sabios místicos, debió emprender un camino de renuncia para alcanzar la iluminación, o la sabiduría suprema, que después transmitió a sus discípulos. Este es el verdadero camino del héroe. Morir para renacer con algo nuevo. Vaciarse para renacer. Emocional y psicológicamente hemos de ser capaces de quemar los viejos patrones, soltar, dejar ir y contemplar lo antiguo por última vez. En el vacío, nuestro ser está profundamente enraizado.

Por mi experiencia puedo constatar que es muy fácil decirlo, pero cuánto cuesta aplicárselo.

En el amor y las relaciones, también es bueno vaciarse de expectativas, dado que estas suelen estar condenadas al fracaso. Si construimos nuestra realidad con imágenes deseadas, acabamos fabulando sin ver lo que es. En el vacío comprendes. Ves y te das cuenta de lo que acontece. Enamorarse es bonito, pero no hay que montarse películas. Descarga el negativo de tu conciencia y no le pongas más de lo que es. En esto del amor, si uno sabe vaciarse de pajaritos y no perder su centro, puede vivir mucho más tranquilo y feliz.

Para mí, el amor ha sido un camino de aprendizaje hacia el desapego, saber soltar y no perder el centro. Se puede amar sin dejar de ser uno mismo.

A lo largo de mi vida, otra vía hacia el vacío fértil llegó con el duelo y la ausencia familiar. Llegué a los cincuenta enterrando a mis dos padres con ocho meses de diferencia, como antes había hecho con aquellos abuelos que fueron la base de mi educación. De pronto, aquella foto en la que estaba rodeado por siete ancestros devenía espejo de fantasmas. El único que quedaba era yo. No tenía más familia que mi hija, dado que me separé de su madre hace ya unos años. Me quedan unos tíos cercanos por parte de padre y nada más. Para un hijo único que se pasó la vida tratando de crear hogar fue un duro golpe. Un gran vacío en el corazón que llegó justo a las puertas del confinamiento. Por suerte, la escritura convirtió aquel vacío en algo muy fértil, así como aquel amor que cambió mi vida, hasta que, al tratar de construir un hogar, se arruinó. La vida nos enseña y nos pone a prueba. Mi tema debe tener que ver con saber estar solo, como sucedió en mi infancia. Ahora, lo estoy. Aunque pueda tener una relación, vivo solo y todavía no tengo perro, pero lo anhelo. Siempre viví con uno, pero hace poco perdí a mi segundo golden retriever, Lennon. Estoy aprendiendo a ser austero, mas no parco en palabras. Por fortuna, la escritura me sigue brotando como un discurso continuo, pero cada vez soy más consciente de que, si no meditara y diera mis clases de yoga, no alcanzaría ese vacío que me llena. La disciplina samurái me inspira y enseña a tener coraje y persistir en una felicidad en vida que proviene de un lugar más profundo que el éxito exterior. No ambiciono cargos ni fortunas, sólo poder dedicarme a lo que me gusta, tener contacto con la gente que quiero y la naturaleza, sentirme querido y tener algún que otro placer cotidiano, como esos vinos de la Borgoña que a veces me tomo.

La austeridad del Zen me muestra ese camino del aprendizaje

del silencio. Me queda mucho todavía, porque hay épocas en las que mi mente es puro ruido. La voz interior me taladra y acompaña cuando no quiero. La maestría es un camino sin fin, pero siento que soy el guerrero que ya no lucha. Voy aprendiendo a no forzar nada de forma innatural o irracional, como recuerda el gran maestro de aikido K. Ueshiba. Vivir en armonía con la naturaleza nos da fuerza, la naturalidad también. Desde el vacío podemos alcanzar a percibir la verdad del universo, su flujo, cadencia y movimiento.

Cuando dejas de hacer, todo sucede. Es muy bello unir el *ki* personal con el del universo. Aunar el ritmo cosmológico con el biológico. Vivir en la naturaleza, percibiendo desde un vacío que deviene casi ancestral; parar, regresar al útero o a la cueva para volver a ser. Los samuráis eran grandes dominadores de su *ki* y austeros emprendedores de la vacuidad.

Abandonemos el cuerpo para hallar el espíritu desde esa sabiduría del Zen, entendida como la religión de la no religión. Tratemos de no depender de las palabras para aprender del silencio. La sabiduría del Zen y del samurái no nos vuelve superhombres, sino gente que va en busca de su sentido más profundo y alcanza su potencialidad. Saber mantenerse, nadar en la tormenta y celebrar la vida en la más austera de sus formas. El valor de las pequeñas cosas, la sutilidad de la empatía y las caricias bien compartidas. Como decía D.T. Suzuki, la función de la conciencia humana es ver para poder sumergirse profundamente en la fuente del inconsciente. Más allá de la superficie. Percibir lo evidente, después de haber quitado todas las capas, y, desde ahí, penetrar en nuestra naturaleza y el sentido más esencial de la realidad. El samurái, como monje guerrero, es alguien que vive la *bodhicitta*, despierto ante la vida, dispuesto a morir en cualquier instante que vive en la intensidad del presente.

Karensansui del templo zen de Kongobuji, Koyasan.

Film: *Samurái III* (H. Inagaki, 1956)

Ya hemos dedicado todo un apartado en la introducción a la figura del gran Miyamoto Musashi, por tanto, aquí sólo constatamos la existencia de una brillante trilogía fílmica rodada por Hiroshi Inagaki entre 1954 y 1956. Como era de esperar, Toshiro Mifune es su protagonista, en un estado de portentosa y elegante juventud. La saga se inicia en la juventud de Takezo, el sobrenombre de este samurái, cuando con su mejor amigo Matahachi abandona su pueblo para combatir en el ejército. Son años de formación en los que, tras sufrir una derrota en el frente, se refugian en casa de una viuda que vive con su hija. Matahachi es seducido por esta y olvida a su novia Otsu. Cuando Takezo vuelve al pueblo y lo cuenta, no le creen y lo arrestan. Finalmente, un monje lo salvará de la muerte, pero deberá aprender y estudiar el código samurái.

A partir de aquí, empieza la segunda parte de la saga, en la que Takezo (Musashi) deviene un *ronin* o samurái errante. En estos años se labra su reputación como espadachín invencible. En Kioto, se enfrenta y vence al maestro de una prestigiosa escuela de samuráis. Su leyenda crece hasta llegar a enfrentarse al joven y habilidoso guerrero Sasaki Kojiro: el oponente más temible y dotado. Este combate ocupará el clímax de la tercera parte, en la que veremos a un Miyamoto Musashi bastante humano. Abandona su condición de samurái errante para vivir tranquilamente en el campo con su amada Otsu, la que fuera novia de su viejo amigo. Para ello, rechaza trabajar como maestro samurái del líder del clan más poderoso de Japón. Takezo se muestra como un ser humano profundo e incluso vulnerable. Su aparente tranquilidad es violada por la bella Akami, generando un tenso triángulo amoroso con traición incluida. La aldea donde viven Takezo y Otsu es asaltada por sorpresa y queda prácticamente destruida. Esto da pie al desenlace de la saga en el que los dos grandes guerreros se darán cita: Sasaki, como primer samurái del señor más poderoso, y Musashi, como solitaria leyenda viva. El duelo en la isla de Ganryu es portentoso. Está rodado en la playa, frente al mar, en una preciosa épica poética. Planos generales compuestos entre dos pinos se alternan con planos cortos de las miradas de los oponentes, hasta que aparece un *travelling* lateral que muestra a Musashi en la orilla, a contraluz, con el sol del crepúsculo detrás de él. Esto deslumbra a su oponente. Como manda el canon, el gran samurái se funde con el entorno y la naturaleza para ganar el combate. Lucha con un remo y una espada corta para vencer a su oponente en un salto magistral. La calidad fílmica del fragmento es todavía, hoy en día, excepcional. Las tres películas fueron rodadas en color y con grandes medios. El vestuario es impecable, así como la ambientación o los paisajes exteriores.

El viejo héroe siempre vence. La película acaba con Musashi volviendo de la isla, con un plano general sobre el mar.

Es una lástima que la productora japonesa Toho, responsable de la exitosa saga de *Godzila* y algunas de las mejores películas de Kurosawa, no se animara a realizar una última entrega de la serie donde testificar la parte más asceta y espiritual del samurái, una vez ya retirado. Por ello, en el único tramo donde podemos ver partes de aprendizajes zen es al final de la primera película, cuando el monje zen lo somete a un duro entrenamiento. Ahí es donde pasará del joven al soldado, al introspectivo y profundo samurái que aprende a valorar las pequeñas cosas de la vida, como el trabajo en el campo, más allá de la batalla y sus victorias como espadachín.

La primera parte de la trilogía ganó el Óscar a mejor película extranjera y, sin duda, es una de las mejores de la saga. Como han apuntado algunos críticos estamos ante un cine de samuráis clásico y purista, sin escenas gore o de violencia explícita, como sucede en casos modernos, por ejemplo, *13 asesinos* (T. Miike, 2010) u otras.

Al lector le recomiendo que vea la trilogía completa y preste especial atención al final de la primera y tercera película. En una se obtienen aprendizajes sobre el Zen, y en la última se contempla la belleza de la naturaleza en un clímax muy elegante.

Recordemos, como decíamos al inicio, que Miyamoto Musashi, después de una intensa vida, se retiró en 1643 a componer *El libro de los cinco anillos*. Por entonces ya había ascendido el monte Iwato para purificarse y, tiempo después, se retiró para siempre en la cueva de Reigando donde acabamos también este libro.

Memoria de lugar: la cueva de Reigando

Salgo de Kioto. El tren que cubre la distancia de 745 kilómetros es un rápido *shinkasen* que tarda apenas seis horas hasta Kumamoto. Hay que acercarse hasta la estación de Shin-Osaka para ir directo. Una vez en la estación hay que salir para tomar un autobús, con un transbordo intermedio, y alcanzar Iwado Kannon Iriguchi. Una vez ahí, pasados doce minutos, son veinte más andando por un frondoso y verde bosque, donde los *jizo* te asaltan en el camino

Al pasar por Hiroshima no puedo evitar aquel hito cinematográfico llamado *Hiroshima mon amour* (A. Resnais, 1959) basado en la narración de Marguerite Duras. El crudo inicio, con imágenes reales de la dureza de los efectos de la bomba atómica sobre la población, es difícil de olvidar. Recuerdo aquello de que yo una vez estuve aquí, ahora que estoy a punto de cerrar mi ruta por Japón visitando el lugar donde murió Miyamoto Musashi, al que he escogido como mito legendario que representa lo que en este libro presento como moderno monje guerrero; alguien que cuida de sí mismo y se entrega no sólo a la batalla, sino a ese duro combate de vencerse a uno mismo. El *Tao Te King* dice que quien vence a los demás es fuerte, quien se vence a sí mismo es la fuerza. Mientras el tren avanza a toda velocidad por un paisaje que a ratos me deja ver el mar, me doy cuenta de que este viaje ha servido para derrotarme a mí mismo como ser apegado.

Japón me ha hecho integrar un importante momento de cambio vital en el que entré hace años. Con la visita de tantos lugares sagrados, bosques y espacios naturales que me han conmovido, siento que sello un certificado de integración, como ese que dan a los caminantes que hacen la peregrinación del Kumano Kodo o recorren los templos del país coleccionando méritos. Probablemente, la cueva de Miyamoto Musashi no sea gran cosa, pero importa el aspecto simbólico y ritual. Me siento como uno más de esos turistas mitómanos que quiere poder decir «yo también estuve aquí». Al parecer, la ciudad de Kumamoto no ofrece muchos atractivos más allá de su castillo. A unos 128 kilómetros está la ciudad de Beppu, famosa por sus baños *onsen*. Por el contrario, la isla de Kyushu es muy interesante, entre otras cosas, por ser donde acaba la última revuelta samurái, en Satsuma. Eso que se cuenta tan bien en la película de Hollywood protagonizada por Tom Cruise. El film viene a ser una revisitación del argumento manido de *Pequeño, gran hombre* o *Bailando con lobos*. Es decir, el occidental como intruso benefactor que cae en el seno de un poblado indígena. La desigual lucha de los nobles samuráis, con katanas, y el ejército del emperador, dotado de armas de fuego, es conmovedora. Probablemente, la culpa de ello la tenga la música de Hans Zimmer. El caso es que, cuando llego a Kumamoto, me he escuchado toda la banda sonora de la película, tal vez porque sé que no podré bajar hasta Satsuma. Me faltan días y el Japan Rail Pass se me acaba en cuarenta y ocho horas. La estación me recibe indiferente, pero sin aquel caótico bullicio de lugares como Osaka. Debía hacer este viaje con una antigua alumna mía de cine que lleva años trabajando en un estudio de animación. Por desgracia, un extraño virus estomacal la ha dejado fuera de combate. En el tren he podido conversar con Riko, una simpática japonesa que me ha ayudado cuando andaba confundido de vagón. Curiosamente, fue una de las desarrolladoras del programa de edición Adobe Premier, lo cual la convierte en una lumbrera. Pero ella no está por la labor, lo que le interesan son los samuráis y mi afición por ellos. Le cuento que me viene de pequeño, cuando veía las películas de Kurosawa. Ella no ha visto ni la mitad y se sorprende de que un occidental esté tan puesto en temas así. Al llegar a la estación de destino, nos despedimos y yo voy en busca de la consigna donde dejar mi maleta, antes de coger el autobús que me llevará a la cueva. Como siempre, todo se resuelve con increíble eficiencia. La cueva de la roca espíritu queda casi a una hora, así que me lo tomo con calma. El valle no está excesivamente poblado y tiene un aire de abandono. No por la tipología del paisaje, sino por el silencio. Aquí murió Miyamoto Musashi en 1645, después de escribir sus libros póstumos. Este *ronin* del siglo XVII quiso salvar el destino de su nación medieval, pero no pudo. No sé si es la historia de una derrota, pero me temo que así es. Estoy ante la montaña Kimbo, donde Miyamoto escribió *El libro de los cinco añillos* en 1645. El paisaje es llano y anodino. Una estatua blanca del legendario samurái nos recibe en el camino. Primero se accede al templo Huganji. Pago la entrada y paso por la tienda donde hay réplicas de tankas suyas, como un autorretrato o *Hurraca sobre rama*, una minimalista pintura zen. En el camino doy con estatuas *rakan*, dañadas por los movimientos sísmicos o el expolio de turistas anteriores. Son budas rechonchos y sonrientes que apaciguan la intensidad de la cuesta. Al llegar a la base de la cueva, me imagino aquel gran agujero en la roca como una única casa a la que acceder trepando sobre la roca. Al entrar a la cueva, poca cosa. Espacio acotado y poco para ver: apenas unas ofrendas florales tras unas rejas de madera. La altura es considerable y el suelo, firme y perfectamente alisado. Se conserva una gran piedra en el centro, que es la que da nombre coloquial a este espacio. La roca, donde supuestamente Musashi escribió, preside el lugar. Antiguamente, desde aquí debía verse el mar, pero ahora es imposible. Hay algunas piedras con grabados en el entorno. Una verja de madera me aísla del fondo de la cueva que es por donde me habría ido a meditar. La ilusión de ser como Miyamoto Musashi me dura poco. Cosas de la mitomanía. Prefiero irme a los textos originales.

La visita me ha decepcionado bastante, pero rindo mis respetos a la escultura blanca de Musashi cuando salgo del recinto. Llevo un día de viaje y no hago más que pensar en un buen *sushi* o un surtido de *yakitoris*; al final consigo lo segundo. Perdido por la calle alcanzo una taberna y, cuando ya estoy salivando, me dicen que no aceptan tarjeta de crédito. Será el aprendizaje de la austeridad que me confronta. Por suerte, una chica me orienta sobre dónde encontrar un cajero para sacar efectivo. De vuelta, me están esperando. El cocinero parece un samurái. Su casco es moderno, de plástico o algo así como metacrilato. La parte delantera, como los que llevan los soldadores. De esta guisa, en vez de con una katana, se enfrenta a los pinchitos de cerdo con una especie de espada de fuego. Los ahúma y devuelve a una parrilla que es puro humo. No entiendo cómo no se ahoga. Me van sirviendo diminutos pinchos de distintas partes del cerdo. La papada, los pies, el lomo o el corazón. Casi prefiero no saber qué como. Apurando una cerveza, me sumerjo en la relectura del libro de Musashi. El último capítulo de *El libro de los cinco anillos* está dedicado al vacío. Su esencia, dice, es la ausencia de cualquier cosa que tenga forma. El vacío es la nada. Me estremezco. ¿Y si mi vida es la nada a mi regreso? Miedos existenciales cuando ya empiezo a pensar en la vuelta. Cuando uno viaja, todos los días y meses son parte de la eternidad, tal y como dice Basho. De regreso, no es fácil que todos los días sean viaje. La crisis de los dos mundos me espera. El reencuentro con mi soledad. ¿Sabré ser el samurái estoico y austero que predico? Si probablemente soy un hedonista empedernido. Además, ahora no tengo un buen partido de fútbol que me consuele. Mi equipo está hecho una ruina desde que echaron al pequeño gran genio. La mente confusa me asola y no alcanzo el vacío. Echo de menos los bosques de Nikko y las calles solitarias de la aldea de Koya. Querría ser un alma en pena camino del cementerio de Okunoin. ¿Cuántos recuerdos del viaje llenan mi mente? El viaje en solitario por Japón es algo así como la plenitud del vagabundo del Dharma. Al menos, así lo siento. Estoy por pedirme un sake, pero me contengo. La voz de Musashi me contesta desde las páginas del libro: «Si ignoras la práctica del guerrero, no habitarás el vacío. Estarás confundido y no harás lo que debías. Aunque lo llames vacío, no será un verdadero vacío».[2] Pues vaya, me toca ser disciplinado. He de pulir mis esencias y la confusión en mi mente.

---

2. Miyamoto Musashi, *El libro de los cinco anillos*, Dojo Ediciones, Madrid, 2010, p. 141.

Austeridad y vacío fértil **247**

He de hacer del vacío mi camino, sólo así alcanzaré la plenitud o, por lo menos, saldré de mi crisis existencial. Mientras tanto debo acabar este libro y seguir con otros que me brotan en la cabeza, pero, si no paro y alcanzo el vacío asiduamente, como Yoda «hablar puedo acabar». Me río de mí mismo, me quito importancia. Nada es tan importante. Esto es sólo esto mientras avanzo por una calle solitaria en un jueves por la noche. Todas las ciudades se parecen, incluso aquí en Japón. Será que estamos aniquilando la diferencia. No creo que esto pueda ser cierto mientras bebamos de fuentes milenarias; mientras busquemos aquello que tantos otros buscaron antes. La senda del Dharma continua como modernos samuráis. Mi avión sale en dos días y he de empezar a deshacer el camino. ¡*Sayonara baby*!

Epílogo

Samurái zen

La vía del samurái es un camino de compromiso y lealtad, primero con uno mismo y después con los demás. A partir de trabajarnos y pulirnos como personas, podemos aportar nuestro grano de arena a la humanidad; para ello es preciso tener la disciplina y actitud y no dejarnos llevar por la marea del victimismo o el conformismo. La lucha no es una guerra por ser el más fuerte, poderoso o acaudalado. Se trata de ser personas conscientes de nuestro destino y posibilidades, más allá de la neurosis cotidiana que nos amenaza con cuadros de ansiedad o estrés. La mente contemporánea es débil, dispersa y difusa, por eso hay que enfocarla hacia espacios de interiorización, conciencia plena y objetivos conscientes. El concepto o arquetipo del samurái zen no es más que alguien que sabe lo que quiere desde un contacto sincero con su interior. No es un egótico narcisista, pero sí alguien que sabe lo que quiere y hacia dónde se dirige. No sigue un plan predeterminado como un android programado, ni se obsesiona por alcanzar un fin, pero no se deja llevar por las corrientes del consumismo desmadrado. Hoy nos venden experiencias, productos de consumo, viajes y todo cuanto queramos, haciéndonos sentir parte del clan planetario. Si no lo hacemos, quedamos fuera del juego de la civilización. La condición de *outsider*, o ser auténtico, parece descartada, y, si uno se despista, lo convierten en mercancía. El samurái zen es una vía para ir hacia el camino del ser. Se trata de empoderarnos y, desde la determinación, poder ser quien queramos. Vivir en un estado mental sereno, templado y consciente no debería ser una quimera. La enajenación mental contemporánea no es una forma de locura, ni algo diagnosticado, sino algo comúnmente aceptado. Cada vez hay menos gente que piensa por sí misma, y las personas viven desconectadas de sus emociones. Es bueno emprender acciones, como irse de las ciudades y vivir en la naturaleza. En ella, podemos alargar la mirada, reposar el espíritu y reconectar con el corazón. La vista sobre ordenadores y dispositivos nos gobierna. Si al menos podemos fijar los ojos para entrar en meditación, descubrimos el velo de *maya*: el engaño que nos rodea, la película que nos hemos montado, o esa falsa vida en la que, tal vez, estamos. Ver lo que es, sin más envoltorios, es uno de los principios del samurái zen. También lo es ayudar a los demás, sin que ello implique vivir la vida de los otros. El budismo desde una de sus acepciones más comunes, más allá de que la vida sea sufrimiento, nos lleva a esa convicción de que hay que desterrar el ego para alcanzar el desapego. Esto es cierto, pero no por ello debemos distanciarnos de la autocompasión y el cuidado de uno mismo. Precisamente, un samurái es alguien que cuida con absoluta disciplina y devoción de sí mismo para mantenerse en un estado y entrenamiento que le permitan ayudar a lo demás. Así podemos ser nosotros en nuestra vida. Fuertes y disciplinados en la forja de nuestro cuerpo, mente y alma para así servirnos a nosotros mismos y a los demás. Esto implica no entrar en desequilibrios cotidianos y enfermizos, como sólo mirar por uno mismo o vivir pendiente de la opinión de los demás.

Estar en la condición samurái zen implica seguir algunos principios que detallamos a continuación, a modo de conclusión. Una vez más, los preceptos podrían variar dependiendo de cada uno de nosotros. No obstante, estos son algunos de los que creemos más esenciales. Luego se podrían extender con partes que aparecen en el bloque central de este libro o en tantas otras obras de referencia que han hablado de estos temas.

Valores

Saber sostener. La condición de sostener, algo tan difícil que apenas nos alcanza. Lo fugaz y placentero nos domina. No se trata de extirpar el hedonismo para vivir en el más estricto estoicismo, pero conviene saber mantener tanto las experiencias como los momentos de adversidad. La vida es tránsito y, por tanto, dejar ir, pero esto no comporta deshacerse de cualquier cosa cuando no nos va bien. Si hay que remar a contracorriente, se hace. En la vida, no todo va ir de cara y habrá momentos en los que habrá que sostener siendo autorresponsables. La culpa no siempre puede ser de los demás; esa es una postura inmadura y victimista. También es preciso saber convivir con el error, los defectos, o con aquello que no nos gusta. No hay que dar la espalda a nuestra sombra, sino sostenerla y aprender de ella. Todo error comporta un aprendizaje. Tampoco es necesario modelar nuestro cuerpo compulsivamente para mantenernos jóvenes y bellos. El samurái zen cuida el cuerpo y la mente. Para lo primero practica artes marciales; lo segundo se alcanza desde el *zazen*.

Serenidad en el caos. Condición propia de ciertas personas con alta resiliencia. La impulsividad puede llevarnos a la perdición cuando las cosas se ponen mal. Saber navegar en la tormenta puede ser el signo de los tiempos. Si a la primera que algo va mal nos hundimos, no saldremos de la depresión. Si entramos en la ansiedad, la velocidad nos llevará a cometer todo tipo de errores, además de a castigar a nuestro sistema nervioso. Los sedantes o antidepresivos serán, entonces, tan sólo un placebo. La cuestión es domesticar la mente y modelar nuestro espíritu, manteniendo la serenidad cuando cae la tormenta. El COVID, el confinamiento y sus consecuencias han sido una buena prueba de fuego, pero, en este «nuevo orden» en el que vivimos, parece que el caos sigue gobernando. Nada es seguro, todo son subidas de precios e inflación, crisis climáticas y miedos asediando. Aprender a relativizar y mantener la serenidad son condiciones indispensables para los tiempos que corren. Alcanzar este propósito es todo un reto, pero vale la pena.

Dejar ir el apego. No somos tan importantes. De hecho, nada es tan importante, incluso la propia muerte. Es bueno saber filtrar y restar presión a nuestra vida. Para ello, el personaje principal que nos gobierna debe relajarse un poquito y, así, ir soltando sus caprichos. A veces son bienes materiales; en otras, una postura o condición que obliga a un determinado *look*, o presencia, en lugares determinados. Hay que dejar ir la obligación de realizar cierto tipo de actividades, ocupaciones y fiestas que sólo alimentan nuestro apego a cargos, posiciones, y tantos otros condicionantes. El apego puede llegar a gobernarnos desde esa obsesión por vivir pendiente del que dirán los demás. En ese estado, uno vive en la duda y en la inseguridad, o desde la prepotencia de querer demostrar que se es un macho alfa o una mujer empoderada a los que nada se les resiste. Sin tantas pretensiones e imposiciones, podemos vivir mucho más tranquilos. El samurái es alguien que cuida de sí mismo, pero no tiene apego por nada, ni tan sólo por su propia vida. Estamos de paso y formamos parte de un entramado natural que nos conforta.

Vivir en el presente. Una de las esencias del Zen que ha aparecido repetidamente en este libro. La condición del aquí y el ahora es clave para no divagar y perderse la experiencia debido a los tramposos mecanismos de la mente. Podemos vivir en la nostalgia y su peligrosa tendencia a la depresión, o en la ansiosa proyección hacia el futuro, pero, al final, todo acontece en el presente. La persona más importante es la que tienes delante, y, si te centras sólo en lo que acontece, vivirás la experiencia de forma intensa. Para ello, hay que estar centrado disciplinadamente en lo que es, no en lo que será o se fue. El pasado traído al presente como un apunte puede valer, igual que la mirada breve al futuro, pero no hay que evadirse en la no inmediatez. Todo sucede en el ahora. Si ponemos la atención en ello, seremos conscientes de las acciones que acometemos, de las emociones que sentimos o de lo que nos ofrecen los demás. Poner atención en el presente nos da la posibilidad de crear futuro o karma desde acciones conscientes que conectan con lo que de verdad queremos y la persona que somos. Si no lo hacemos, las acciones automáticas o los impulsos neuróticos del inconsciente pueden llevarnos a lugares no deseados. Debemos afinarnos todo lo posible para vivir en permanente presente. Fuera de esto, no hay nada más. Cada momento es absoluto, vivo y significante.

Armonía. Vivir en armonía aporta paz. La armonía entre las partes es algo esencial para poder fluir con lo que acontece. Esto, que puede parecer un capricho estético, es esencial para nuestro comportamiento humano. La armonía no es tan sólo algo propio de ciertos estilos artísticos, sino la condición de evitar la fragmentación, la polaridad y los extremos que nos atenazan o radicalizan. El ser humano vive tiempos de extremismo y falta de armonía. Probablemente es porque no vive en contacto consigo mismo y sus propias necesidades.

Mandan los discursos impostados, el postureo convenido y la desigualdad entre las partes. Parece que convenga la confrontación para despistarnos de lo esencial. Un mundo polarizado es un hogar no compartido, un espacio de confusión y dispersión.

La armonía es volver al centro, enraizarse y conectar con lo esencial. Armonizar cuerpo, mente y alma. Sintonizar con el entorno y la fuente de la que procedemos. Encontramos la armonía en el vacío y en el esplendor. Todo es cuestión de voluntad y actitud. No podemos seguir reñidos con la armonía y el temple. Esa es una las condiciones esenciales del estado *mushin*.

Energía masculina y femenina. El samurái zen no tiene condición de género; los abraza todos. Esto no es cosa de hombres. En todo caso sería de andróginos, pero tampoco es el caso. En todos nosotros existe una parte masculina y femenina; se trata de hacerlas aflorar y que estas entren en armonía. A partir de aquí, cada persona, desde su condición de género, puede potenciar unos rasgos u otros. La base, como hemos ido diciendo, es lograr vivir en un estado de atención al presente, con momentos de silencio, atención al flujo del pensamiento y un código ético alineado con los valores samurái. La práctica del Zen entrena la mente y el espíritu. El cuerpo lo podemos cultivar mediante el yoga u otras prácticas, pero la base es salir del borreguismo contemporáneo y darse cuenta. Aquí no hay género. Lo hubo históricamente, pero los tiempos han cambiado. No obstante, conviene decir que las energías masculinas y femeninas pueden ser distintas. Como enseñan tanto la medicina china como el ayurveda u otras disciplinas, nuestra parte masculina yan es más pragmática, racional e intensa, y la femenina o yin, más intuitiva, espontánea y sutil. Combinar las dos es la maestría. Ser un monje guerrero samurái zen comporta ganar la batalla

Ilustración de Tomoe Gozen, legendaria guerrera samurái de finales del siglo XII. Museo samurái de Berlín.

de conocernos desde la integración de nuestras dos naturalezas. No es preciso que una aniquile a otra, o viceversa. No obstante, ya sería hora de que cada vez pudiéramos ver a más modernas samuráis como esa Uma Thurman de *Kill Bill* sin que sea una sanguinaria justiciera.

Meditar. Alan Watts, en *El camino del zen*, cuenta que la tradición occidental ha restado valor al hecho de meditar, entendido este como un no hacer nada, algo sin sentido. Se pueden valorar otras formas contemplativas propias de la religión oficial, pero se infravaloran las formas más profanas. La cuestión es que meditar nos centra y aporta claridad a nuestra conciencia. Sin ella, sin ver el mundo como realmente es, resulta difícil que podamos mejorar nada. Las aguas turbias se aclaran por ellas mismas si las dejamos reposar. La mente debe estar en calma para poder ver en el fondo del lago. Hoy, nuestro océano digital es un mar de olas incesantes que despistan nuestra atención. Por eso es tan necesario implementar el valor de la meditación como una disciplina que sana la mente. Hay que poder ver las cosas como son, sin pronunciar juicios prematuros y prolongar la experiencia. Meditar también conduce hacia el desapego, eliminar el deseo y volvernos menos reactivos. Así mismo, psicológicamente, podemos convertirnos en conscientes de lo inconsciente. Es un aprendizaje de ser pasivos y receptivos. Meditar es una forma de empatía profunda con nosotros mismos y con aquello que nos rodea.

Unidad. Somos uno con el todo. La integración de las partes. Aquello que en inglés se denomina *oneness*. No ser uno, sino el todo. La globalidad. Confluir con la naturaleza como espacio sagrado. Esa es una gran lección tanto del taoísmo como del Zen.

Lo mismo le sucede a la mente. En vez de encerrarse en el pragmatismo de su ego, se abre a la sabiduría de la conciencia. Aparece, entonces, la mente sin mente, *mushin*: el estado primigenio donde todo puede ocurrir y devenir. Ante la opción de etiquetarlo todo con pensamientos y juicios, borramos las barreras, disipamos los muros de identidad que nos definen, para fundirnos con lo que nos rodea más allá de la noción de individuo. El samurái es, a la vez, una persona empoderada y consciente de su individualidad y, al mismo tiempo, capaz de abrirse a la fuente o a todo aquello que nos rodea. Dominar el arte del contacto y retirada es una de las condiciones de la maestría del samurái zen. Fundirnos con el espíritu y regresar a nuestro centro. El rayo de sol y la sombra son una misma cosa. El Uno siempre permanece.

Acabamos con unas frases de Saigo Takamori, general y consejero del clan Satsuma:

> El Camino es el camino del Cielo y la Tierra; el lugar del Hombre es seguirlo; en consecuencia, haz que el objeto de tu vida sea reverenciar el Cielo. El Cielo nos ama a mí, a ti y a los demás con igual amor; en consecuencia, ama tú a los demás con el mismo amor con que te amas a ti mismo. No hagas al Hombre tu compañero, sino al Cielo, y, haciendo que el Cielo sea tu compañero, actúa de la mejor manera posible. Nunca condenes a los demás, y preocúpate por la consecución de tu propia meta.[1]

Mushin, una renovada actitud vital

Las palabras se nos han subido a la cabeza y ellas han permitido etiquetar nuestra experiencia como yo. Existe una experiencia silenciosa cuyo aprendizaje es el Zen; también lo podría ser el *vipassana*

---

1. I. Nitobe, *El camino del samurái*, Ediciones Lu, Barcelona, 2022, p. 30.

o tantas otras prácticas y tradiciones que basan su aprendizaje en el silencio. Acallar la mente y liberarnos de todos esos pensamientos que dependen del conocimiento adquirido nos lleva a un espacio fértil y a una forma de vida libre. Además de aprender a pensar y discernir, podemos adiestrar nuestra capacidad de poner la mente en blanco; no como fin por alcanzar, sino como vía para liberarnos de esa obligación de estar pensando todo el rato. Acallar nuestro monólogo interior nos relaja. Dejar de etiquetar desde el pensamiento es un privilegio de una mente que no es mente.

La concentración es mirar sin mirar, escuchar sin escuchar, sentir sin sentir, pensar sin pensar. Pura intuición, puro estado *mushin*.

Este puede ser el principio de una nueva forma de vida que se basa en vaciarse y silenciar para percibir desde otro lugar. Si uno es capaz de leer el campo que le rodea y comprender de un solo chispazo lo que acontece, puede ahorrarse muchos disgustos y ganar todas aquellas pequeñas batallas a las que la vida nos somete. Isaai Chozan, en su narración *Las misteriosas habilidades de un gato viejo*, lo explica de una forma muy clara. Si pensamos primero y actuamos después, se impide la reacción intuitiva. En cambio, si en un combate te dejas llevar por el estado *mushin,* eres invencible por tu imprevisibilidad:

> Es sencillo: piensa en nada. Cuando me muevo con intuición, soy informe; cuando carezco de forma, no hay nadie en el mundo que pueda oponerse.[2]

---

2. C. Hellman, *La mente del samurái*, Editorial Kairós, Barcelona, 2012, p. 23.

Las formas exteriores contienen verdades e información esencial. Conectar con el *ki, chi* o *prana* le da una visión muy distinta al pensamiento racional. La intuición es un estado de la mente y también del cuerpo. Pura interacción con la energía o las partículas subatómicas que nos rodean. En un duelo a katanas, si los pensamientos interfieren, el cuerpo deja de moverse de forma natural y lo hace guiado por una intención. Esto puede volvernos previsibles y, por tanto, vulnerables. *Mushin* es responder a un estado de inmentalidad y dejarse llevar; es algo parecido al *wu wei* chino. Hacer sin hacer. Se trata de mantener la mente en calma y serena. Como dice el *I-Ching*, impensamiento, inacción, sosegado, inmóvil. Actúas cuando sientes la energía en confluencia contigo. Entonces, lo haces con naturalidad y confianza. Es preciso despertar del sueño para ver la realidad tal y como es. Bajo el estado *mushin*, este propósito es más fácil de alcanzar.

En la inmentalidad, respondemos de forma inmediata a lo que sucede. La cuestión es saber entrar y salir continuamente de este estado *mushin*. El hombre evolucionado lo observa todo y permanece imparcial. En la naturaleza inalterada, abarcamos lo grande y lo pequeño, lo evidente y lo sutil, el pasado y el presente. La humanidad forma una tríada entre el cielo y la tierra. Es preciso abrirse a la mente original más espontánea e intuitiva. Si dejamos que la mente se dispare según sus apetencias y aversiones propias, la confusión se instalará en nosotros.

Existe una revolución psicológica que se da cuando el «yo» desaparece, cuando el pensador y el pensamiento son uno. Cuando no existe esa clásica dualidad en la que el pensador controla el pensamiento, empieza a darse esa experiencia *mushin* en la que vemos la realidad de una forma más profunda y verdadera. Es preciso alcanzar ese estadio entre el pensamiento y el acto, ese momento tan bien definido por T.S. Eliot en su poema *The Hollow Men*.

> Between the idea
> And the reality
> Between the motion
> And the act
> Falls the Shadow
>
> Between the conception
> And the creation
> Between the emotion
> And the response
> Falls the Shadow
>
> Between the desire
> And the spasm
> Between the potency
> And the existence
> Between the essence
> And the descent
> Falls the Shadow.[3]

Hay que atender al no pensamiento para comprender muchas de las cosas que nos suceden y nos rodean. La intuición es una forma de conectar con nuestras emociones; una mirada más directa al corazón y el centro de nuestra existencia. El Zen más puro se basa en

---

3. T.S. Eliot, *Selected Poems*, Faber & Faber, Londres, 2002, pp. 69-70.
   Entre la idea y la realidad, entre el movimiento y el acto, cae la sombra. Entre la concepción y la creación, entre la emoción y la respuesta, cae la sombra. Entre el deseo y el espasmo, entre la potencia y la existencia, cae la sombra. Entre la esencia y el descenso, cae la sombra.

esta sabiduría que aquí nos cuesta mucho valorar. La experiencia de meditar y abrazar el silencio es un camino para alcanzar *mushin*. Es bueno abrir el campo, no cerrarlo. Los pensamientos nos acotan. La no mente *mushin* abre la conciencia a múltiples puntos de vista. Todo es cuestión de desarrollar su aprendizaje. Entrenar para contemplar más que para pensar. Escuchar y empatizar en silencio, dejando que las chispas de la intuición lleguen a nuestra mente. No es que debamos vivir continuamente en este estado, pero, si logramos tener la capacidad de recurrir a *mushin*, entraremos en una nueva forma de vida, menos enajenada y más auténtica. La mente del samurái se adiestró con los monjes zen para llegar a conocer estas enseñanzas. Abrirse más allá del yo abre la vida a muchas y nuevas posibilidades. La verdad de quiénes somos no siempre reside en nuestro interior. *Mushin* es entrar en contacto con todo lo que nos rodea y fluir en la no mente.

El auténtico *dhyana* no es tan sólo sentarse en *zazen*, sino algo que incorporar a todas las esferas de la vida. De pie, sentando, andando; cuando se está meditando y también contemplando la vida. La cuestión es lograr que nuestra mente brille aunque las tormentas arrecien a nuestro alrededor. Se trata de garantizar la armonía en nuestro corazón y comprender que lo único que puede encadenar nuestro deseo es nuestro propio deseo. Igualmente, sólo nuestra mente puede poner grilletes a nuestro intelecto; nadie más puede hacerlo. Por ello hay que entrar en la disciplina de entrenar la mente, meditando, practicando *zazen*, estando en atención plena, viviendo en el presente más inmediato. No hay que llevarse los problemas a la cama. Un aprendizaje importante es saber desconectar: vaciar, soltar y dejar ir la mente con todos sus argumentos. La prosperidad en este mundo no puede llegar tan sólo por el desarrollo individual, sino por la unión con la fuente esencial. Como seres espirituales, nos sentimos parte de un todo y le ponemos el nombre que queramos: Dios, universo o naturaleza. Abandonemos el sentido de identidad más personal al tiempo que cultivamos nuestra actitud *mushin*. La calma y la serenidad de los monjes zen no son algo propio de ellos, sino algo adquirido como consecuencia de sus habilidades; pocas cosas pueden perturbar su mente. Esto es posible cuando el orden y la armonía reinan en nosotros. Este es, sin duda, el descubrimiento más importante que hice en mi viaje a Japón. Desde entonces, sólo quiero vivir en la no mente *mushin*. Cada día me levanto con esa intención y comprendo que es una larga tarea, pero ha valido la pena llegar hasta aquí. La sabiduría del pasado deviene, una vez más, luz que irradia el presente. Quiero hacer de la práctica un hábito y que este genere conducta y, finalmente, destino. Soltemos nuestras dudas, ansiedades, enfados y utilicemos esta vida para crecer. Eric Fromm[4] decía que siempre estamos naciendo hasta el día que morimos. El objetivo en esta vida es nacer completamente. La tragedia es que muchos de nosotros morimos antes de lograrlo. Vivir es nacer cada minuto. La muerte ocurre cuando el nacimiento se detiene. Así que no dejemos de nacer una y otra vez.

---

4. Lo explica en la obra coescrita con D.T. Suzuki, *Budismo zen y psicoanálisis*, FCE, México, 2002.

Mushin.

Fin del viaje

El *Bushido* dice en sus páginas finales: «Lo que el Japón le debía al samurái no solo era la flor de la nación, sino también su raíz. Todos los dones de gracia del Cielo fluyeron a través de ellos. Aunque se mantuvieron socialmente alejados de la población, establecieron un estándar moral para ellos y los guiaron con su ejemplo».[5]

Siento que a mí también me han guiado en un proceso vital importante. Necesitaba confianza y retornar a mi esencia; hacerme duro, comprensivo y humano, integrar la última fase de mi vida, llena de cambios. Perdí a mi familia y tampoco acerté en crear una nueva. Por suerte, tengo una hija a la que quiero y una legión de buenos amigos que me acompañan. No importa si son los de toda la vida o nuevos. También mantengo viva la llama del amor y ya no preciso depender de nadie. El código samurái me ha enseñado a convivir desde otro lugar, no dependiente. Al igual que el estado *mushin* me invita a soltar y pensar menos, la esencia japonesa del Zen me lleva a simplificar. Hay que hacer mucho menos. Escuchar más. Callar y contemplar. La inspiración está en lo que no vemos. La naturaleza cuenta y nos guía si la dejamos expresarse, si la visitamos asiduamente. Como cuenta Octavio Paz, en su prólogo de *Las sendas de Oku*, gracias al budismo Zen, la religiosidad japonesa acentúa el lado interior de las cosas. El refinamiento es simplicidad y comunión con la naturaleza. En ella, las almas se templan y se afinan.

Es bueno vivir bajo unas creencias, ser íntegro y poseer la capacidad de decidir cuando hace falta. La mezcla de determinación,

---

5. I. Nitobe, *Bushido*, Miraguano Ediciones, Madrid, 2005, p. 245.

empoderamiento y serena humanidad permite transitar mejor en cualquier dirección. Tengo planes, pero espero que se manifiesten en el presente más inmediato. ¿Para qué divagar, soñar y embotarse cuando todo sucede en el aquí y el ahora? En el presente me repito una y otra vez esa frase tan simple de Suzuki que dice «esto es esto». La llevo en una camiseta, aunque está en *kanjis* japoneses. No caigamos una vez más en el mundo de los contrarios, del «esto» y el «aquello». Tal vez, ahora entiendo el sentido de la destrucción de la lógica y esa perspectiva moral y limitada de las cosas. La meditación es una gradual desaparición del «yo» y yo no hago más que ponerlo delante con mi diario de viaje que aquí acaba.

El día en el que me preparo para partir, Kioto celebra el *Jidai Matsuri*, la gran fiesta de las edades que conmemora la fundación de la ciudad y su larga historia hasta perder su condición de capital, en beneficio de Edo (Tokio). Hace un día primaveral, pese a que estamos en otoño. Me he pasado la jornada tratando de esquivar las riadas de gente, pero, al final, son ellas las que me alcanzan. Busco seguir en el silencio de esta larga meditación que ha supuesto mi viaje en solitario durante dos semanas por Japón. Muchas cosas han sucedido. Todas buenas. Cambio de planes, encuentros con personas no previstos, pequeños *satoris* o revelaciones interiores... Los tiempos están revueltos, pero Japón te sitúa. A mí, que estuve perdido en el amor, me ha servido, como dice Hemingway, para darme cuenta de que, en ocasiones, nos vamos más allá en el proceso de amar a alguien olvidándonos de que nosotros también somos especiales. Hoy amo a otra persona desde un lugar diferente, más desde mi centro y mi esencia; no desde el apego, la idealización o los delirios del ego. Japón me ha centrado y mi nuevo amor es como si me hubiera acompañado en todo este viaje. He aprendido a ser, desde la tranquilidad, el orden y esa armonía inherente a lo japonés. Me gusta cuidar los detalles y valorar lo que uno tiene delante en cada instante. Atender, ser gentil, no tener malas palabras para nadie y entender que todo es más simple de lo que creemos. La digna austeridad y sencillez del Zen nos enseña a no complicarnos la vida, al igual que la meditación nos conecta con lo que de verdad es. Me voy de Japón sintiendo un pequeño duelo. Son muchas las cosas que este viaje me ha dado. Hay un espíritu juvenil en mí renovado. En mi cincuentena, no es el retorno a la juventud, sino la reconexión con aquello que formó parte de mí en mi esencia. Viajar ligero, en soledad, movido por la curiosidad. Conocer gente y vagar por espacios naturales siempre me ha acompañado. No estoy seguro de si lo había olvidado, pero desde hace tiempo que no era así. El viaje transforma y enseña. Como mencionaba hace un instante, mi mayor aprendizaje ha sido integrar la importancia del orden y la armonía como compañeros del fluir. La realidad es cambio. El caos está instalado en nuestra sociedad y parece haber venido para quedarse. No es cuestión de protestar, sino de aceptar las cosas como son. El devenir de las épocas es diferente en cada instante. Por eso, si uno es capaz de vaciar su mente y tener la disciplina de crear cierto orden, es fácil entrar en esa forma de armonía que tienen los japoneses. Desde ahí resulta simple adaptarse al cambio y el presente más imprevisible. Mi no mente *mushin* se va perfeccionando, aunque los pensamientos obsesivos me siguen asolando.

Al llegar a mi mundo cotidiano, me espera la crisis de los dos mundos. En esta ocasión siento que el aprendizaje japonés está bastante integrado.

Un nuevo perro llega a mi vida. He decidido llamarle Oku, en honor a Japón y al diario de viaje del maestro Basho. Un día recibo un mensaje de Wakana: Ichikawa Ennosuke, el actor de *kabuki* que supuestamente envenenó a sus padres con barbitúricos, ha sido puesto en libertad. Le han considerado culpable de complicidad en el suicidio de sus progenitores. Cinco años de libertad bajo custodia y nada más. Mi mente se dispara, pero trato de aquietarla. Tal vez, un samurái vengaría la posible afrenta, pero no es mi tema. Mi visión de ellos es otra. Alejada de la violencia y la fuerza; más próxima a ese sentido de la integridad y la espiritualidad que trato de construir en mí y en aquellos que me rodean.

El mundo puede ser un lugar maravilloso y me encanta la idea de vivir un presente en el que nacer continuamente. Sé que algún día volveré a Japón, pero ahora no me queda más que estar aquí y ahora.

Libros y films recomendados

Libros

Basho, M., *Sendas de Oku*, Atalanta, Girona, 2014.
Brocas, J., *El libro de los seis anillos*, Kairós, Barcelona, 2012.
Cleary, T., *La sabiduría del samurái*, Kairós, Barcelona, 2009.
Deishumaru, T., *Za-zen*, Ediciones Cedel, Barcelona, 1976.
Hellman, C. (ed.), *La mente del samurái*, Kairós, Barcelona, 2012.
Hesse, H., *El viaje a oriente*, Ediciones Oniro, Barcelona, 2011.
Hillsborough. R., *Los últimos samuráis,* Edaf, Madrid, 2011.
Kerr, A., *Japón perdido*, Alpha Decay, Barcelona, 2021.
Okura, K., *The Ideals of the East*, Charles E. Tuttle, Tokyo, 1970.
Okura, K., *The Book of Tea*, Charles E. Tuttle, Tokyo, 1970.
Peltier, J., *Samouraïs*, Editions Prisma, París, 2016.
López-Vera, J. *Historia de los samuráis*, Satori, Gijón, 2017.
Maillard, Ch., *Las venas del dragón*, Galaxia Guttenberg, Madrid, 2021.
Merton, T., *El Zen y los pájaros del deseo,* Kairós, Barcelona, 1971.
Mishima, Y., *On Hagakure*, Penguin, Londres, 1977.
Musashi, M., *El libro de los cinco anillos*, Dojo Ediciones, Madrid, 2010.
Musashi, M., *Dokkodo*. Shinden Ediciones, Barcelona, 2016.
Nhat Hanh, T., *Zen and the Saving of the Planet*, Penguin, Londres, 2021.
Nitobe, I., *Bushido*, Miraguano Ediciones, Madrid, 2005.
Nitobe, I., *El camino del samurai (Bushido),* Ediciones Lu, Barcelona, 2022.
Nukariya, K., *The Religion of the Samurai*, Luzac, Londres, 1973.
Rommeluère, E., *Sentarse y nada más*, Errata Naturae, Madrid, 2018.
Ryookan, *Los 99 jaikus*, Hiperión, Madrid, 2006.
Schwentker, W., *Los samuráis*, Alianza Editorial, Madrid, 2015.
Suzuki, D.T., *El zen y la cultura japonesa*, Paidós, Barcelona, 1996.

Suzuki, D.T., *Vivir el Zen*, Kairós, Barcelona, 2009.
Suzuki, D.T., *Budismo Zen*, Kairós, Barcelona, 2003.
Suzuki, D.T., y Fromm E., *Budismo zen y psicoanálisis*, FCE, México, 2002.
Suzuki, Sh., *Zen Mind, Beginner's Mind*, Shambala, Boston, 2011.
Tanizaki, J., *El elogio de la sombra*, Siruela, Madrid, 2016.
Tolle, E., *El poder del ahora*, Madrid, 1997.
Tsunemoto, Y., *Hagakure*, Dojo Ediciones, Madrid, 2014.
VV.AA., *Zen*, Kairós, Barcelona, 2005.
Watts, A., *La sabiduría de la inseguridad*, Kairós, Barcelona, 2020.
Watts, A., *Naturaleza, hombre y mujer*, Kairós, Barcelona, 1989.
Watts, A., *El camino del Tao*, Kairós, Barcelona, 1976.
Watts, A., *Esto es eso*, Kairós, Barcelona, 1992.
Watts, A., *El camino del zen*, Edhasa, Barcelona, 1996.
Watts, A., *The Spirit of Zen*, Grove Press, Nueva York, 1960.
Wilson Ross, N., *The World of Zen*, Random House, Nueva York, 1960.

Films

El catador de venenos (Love and Honor, Y. Yamada, 2006).
El crepúsculo del samurái (Y. Yamada, 2003).
El imperio contraataca (I. Kershner, 1980).
El imperio de los sentidos (N. Oshima, 1976).
El intendente Sansho (K. Mizoguchi, 1954).
El jinete pálido (C. Eastwood, 1985).
El samurái sin nombre (Sword of the Stranger, M. Ando, 2007).
El último samurái (E. Zwick, 2003).
Ghost Dog (J. Jarmush, 1999).
Harakiri (M. Kobayashi, 1962).
Kagemusha (A. Kurosawa, 1980).
Kenshin, el guerrero samurái (5 films, K. Otomo, 2012-2019).
Kill Bill (Q. Tarantino, 2003).
Kwaidan (M. Kobayashi, 1964).

La fortaleza escondida (A. Kurosawa, 1958).
La guerra de las galaxias (G. Lucas, 1977).
La mujer en la arena, (H. Teshigara, 1964).
Los leales 47 ronin (K. Mizoguchi, 1941).
Los 47 ronin (H. Inagaki, 1962).
Los siete samuráis (A. Kurosawa, 1954).
Lost in Translation (S. Coppola, 2003).
Mishima (P. Schrader, 1985).
Por un puñado de dólares (S. Leone, 1964).
Trece asesinos (T. Miike, 2010).
Trono de sangre (A. Kurosawa, 1953).
Ran (A. Kurosawa, 1985).
Rashomon (A. Kurosawa, 1950).
Samurái I-II-III (H. Inagaki, 1954/55/56).
Samurai Rebellion (M. Kobayashi, 1967).
Sanjuro (A. Kurosawa, 1962).
Sol rojo (T. Young, 1971).
Yojimbo (A. Kusosawa, 1961).
Vagabond (T. Inoke, 1998).
When the Last Sword is Drawn (Y. Takita, 2002).
Zatoichi (T. Kitano, 2003).
Zen (B. Takahashi, 2009).

GERFELD

F BEAUTY

KARL LAGERFELD

A LINE OF BEAUTY

Andrew Bolton

With contributions by Tadao Ando,
Anita Briey, Stefania D'Alfonso, Olivia Douchez,
Amanda Harlech, Patrick Hourcade,
Mellissa Huber, Nicole Lefort, Kai Toussaint Marcel,
Jacqueline Mercier, Loïc Prigent,
and Anna Wintour

Photographs by Julia Hetta

(One)

A LINE OF BEAUTY
Andrew Bolton

(Two)

LINES [I–X]

I	FEMININE	MASCULINE
II	ROMANTIC	MILITARY
III	ROCOCO	CLASSICAL
IV	HISTORICAL	FUTURISTIC
V	ORNAMENTAL	STRUCTURAL
VI	CANONICAL	COUNTERCULTURAL
VII	ARTISANAL	MECHANICAL
VIII	FLORAL	GEOMETRIC
IX	FIGURATIVE	ABSTRACT
X	SATIRICAL	

(Three)

3	DIRECTOR'S FOREWORD
4	SPONSORS' STATEMENTS
7	THE INTERNATIONAL WOOLMARK PRIZE, 1954
9	PREMIÈRES D'ATELIER Interviews by Loïc Prigent: Anita Briey and Nicole Lefort, CHLOÉ Stefania D'Alfonso, FENDI Olivia Douchez and Jacqueline Mercier, CHANEL Anita Briey, KARL LAGERFELD
25	REFLECTIONS Anna Wintour Patrick Hourcade Amanda Harlech Tadao Ando
30	INSPIRATIONS
36	ACKNOWLEDGMENTS
38	SELECTED BIBLIOGRAPHY
39	CREDITS

(Four)

TIMELINE

THE MET

The Metropolitan Museum of Art, New York

Distributed by Yale University Press,
New Haven and London